Obere Isar und
Hoher Gleirsch.
Kleines Bild:
Isar-Allegorie am Kraft-
werk Bad Tölz

W0057566

Die Isar, humorvoll gesehen und erlebt von Heinz Erhardt:

DER BACH

Tagtäglich fließt der Bach durchs Tal.
Mal fließt er breit, mal fließt er schmal.
Er steht nie still, auch sonntags nicht,
und wenn mal heiß die Sonne sticht,
kann man in seine kühlen Fluten fassen.
Man kann's aber auch bleiben lassen.

*Forstweg im
Hinterau-Tal*

CHRISTIAN PEHLEMANN

ISAR-ASPEKTE

VON IHREM URSPRUNG
ÜBER MÜNCHEN
BIS ZUR MÜNDUNG

INHALTSVERZEICHNIS

ISAR-PRAXIS

Mag es auf der Isar
bisweilen auch recht
spritzig hergehen:

Mit gutem Boot und
1a-Ausrüstung sowie
richtiger Einschätzung
der Risiken (die ein
erfahrener Kanute
hier wohl als null ein-
stufen würde), berei-
tet eine Tour mehr
Spaß als Probleme.

Nebenbei: Man kann
auch alles vom festen
Ufer aus genießen ...

Wer sagt denn, dass unsere Isar nur etwas für warme Sommertage ist?

Auch Herbst und Winter bringen coole Stimmungen und ermöglichen Aktivitäten. Na ja, Kajak-Touren mal außen vor gelassen...

Romantische Winterabend-Impression: Obere Isar vom Forststräßchen Wallgau-Vorderriss. Mit Karwendel im Süden.

ALLES IM FLUSS ...

Dass sich ein Wildfluss nicht statisch zeigt, ist nur logisch. Jedes Jahr ist irgendetwas anders: Fluss-Arme, Geröll-Barrieren, Ufer- und Wege-Zustand usw.

Erstaunt hat jedoch, dass auch die Peripherie (Infrastruktur) einem ungeahnten Wandel unterworfen ist. Nach jeder Check-Tour war im Buch einiges zu ändern, schon gar in der 2. Auflage.. Was nicht nur die nun abgeschlossene Renaturierung bei Schäftlarn und München Süd betrifft.
Oder die neue Badewasser-Qualität, die mal rauf, dann runter gebetet wird. Oder...

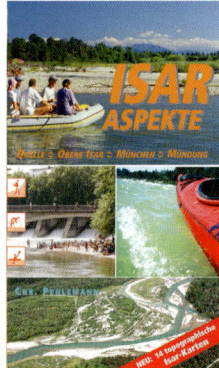

Isar-Aspekte   isar-loisach@t-online.de

ZUR 2. AUFLAGE

Die ISAR ist nach fünf Fernreise-Destinationen der erste Titel im Nahbereich. Das spricht doch für diesen bayerischen Fluss, der so bekannt ist und den doch nur wenige komplett richtig kennen. Die in *ganzer Länge* ebenso unbekannte LOISACH soll folgen.

Das Buch soll in seiner erweiterten zweiten Auflage mehrere zwei Aufgaben erfüllen:

Es zeigt Ihnen zum einen den „nördlichsten Fluss Italiens" (so lautet einer der vielen Kosenamen der Isar) samt einigen kleinen Geheimnissen. Viele Aspekte in Wort und natürlich anschaulich im Bild. Quasi als illustriertes **Lese-Buch.** Vom ziemlich unbekannten *Isar-Ursprung* über die Renaturierung im Süden der bayrischen Landeshauptstadt bis zur Erweiterung um die Unterste Isar, die *Mündung*. Gesehen vom Boden, vom Wasser aus und verstärkt *aus der Luft,* damit Sie einen richtigen, plastischen Überblick bekommen. *Historische Karten* mögen Ihnen das *Einst* und *Jetzt* verdeutlichen.

All das in handlichen, leicht nachvollziehbaren **Touren-**„Happen" (die sich zu größeren Unternehmungen verbinden lassen). Sorry: Einige Wiederholungen sind dabei nicht zu vermeiden, damit jedes Kapitel, jede Tour für sich gelesen werden kann.

Zum anderen werden die **Aktivitäten** präsentiert, mit denen sich die unterschiedlichen Abschnitte zwischen Ursprung im Karwendel und München am besten erleben lassen. Es ist nämlich durchaus nicht so, dass sich jeder Bereich zum Beispiel gleich gut erwandern oder mit dem Fahrrad erfahren lässt. Auch die beliebten Kajak- oder Schlauchboot-Touren sind nicht überall vom selben Erlebnisreichtum gekrönt.

Wir wollen Ihnen also helfen, die jeweils optimale Fortbewegungsart zu finden. Es werden sich dabei bei einigen Lesern auch andere, abweichende Vorstellungen ergeben. Das ist normal; die Empfehlungen sind ja nicht apodiktisch, sondern locker-subjektiv. Schreiben Sie daher Ihre Vorstellungen; die Adresse dazu finden Sie vorne im Impressum. Überzeugende Anregungen werden wir in kommende Auflagen einfließen lassen.

Eine wichtige Aufgabe des Buchs ist es auch, den richtigen Umgang mit der fantastischen Isar-Natur zu zeigen. Das Bootsfahren auf dem Wildfluss hat durchaus **Gefahren** im Gefolge, die aus falscher Ausrüstung („Badeboote") oder falschen Techniken resultieren. Oder die objektiv gegeben sind, zum Beispiel die gefährlichen Treibholz-„Baumfallen", bei denen leider einige Freizeitkapitäne ihr Leben ließen. Dies muss und darf nun wirklich nicht sein. Das oft leidenschaftlich betriebene Grillen wird sich im Buch wiederfinden, wie auch der Schutz von Flora und Fauna während der Fahrt oder Wanderung am Fluss.

„Im Dunstkreis der Isar"

WAS KANN UND WILL ISAR-ASPEKTE NICHT SEIN?

Der Führer beschäftigt sich mit dem Fluss und seinem „Dunstkreis", was man in diesem Fall wörtlich nehmen kann. Die Isar und deren nächste Umgebung (samt einigen Bergtouren über ihrem Ufer): Das ist unser Thema.

Es soll also kein kleiner Ausschnitt eines allgemein gehaltenen Oberbayern-Reiseführers sein, wo jede Kirche und jede Sehenswürdigkeit im weiteren Umkreis gewürdigt werden. Dafür gibt's schließlich reichlich Literatur. Auch Kommerzielles wird eher nicht ausgewalzt. Dafür finden sich heute im Internet intensivste und täglich aktualisierbare Infos.

Andererseits verlassen wir das Flusstal schon mal, wenn es für die Isar-Kenntnis sinnvoll ist. Z.B. Abstecher zum *Wildbach-Wanderlehrpfad* bei Benediktbeuern (zwischen Isar + Loisach). Dort können Sie allerlei erfahren, was auch für die Isarlandschaft Gewinn bringt, genauso wie das *Isarhaus* an der Mündung.

Wenn *Isar-Aspekte* Ihnen gefällt und Freude bereitet, daheim beim Lesen und Schauen, später unterwegs zwischen den Bergen und dem Alpenvorland, dann hat es seinen Zweck erfüllt - und wir freuen uns mit Ihnen.

Gratis-Zugabe:
Auf 16 Zusatz-Seiten bringen wir am Buch-Ende einen **Isar-Atlas mit den kompletten topographischen Karten 1:50 000** *der Isar, von der Quelle bis München sowie für das Mündungsgebiet.*

Das erspart Ihnen die Anschaffung von vier detaillierten Landkarten *für IhreUnternehmungen zu Wasser und zu Lande.*

Gern geschehen!

„Grüner Faden" dieses Buchs ist die Isar samt ihrem „Dunstkreis", weniger das Bayerische Oberland ringsum.

„... sie wird halt vom Nockherberg runterkommen?!"

DIE ISAR – DAS UNBEKANNTE WESEN?

Gesprayte Isar-Allegorie (mit gelb-schwarzem Münchener Kindl ganz links) an einer Isar-Brücke.

Aber wer kennt die Isar schon ganz?

Lässt man mal die großen deutschen Flüsse außen vor (wie zum Beispiel den Rhein als Musterbeispiel für internationales Renommee), dann dürfte die Isar bei Ausländern fraglos am bekanntesten sein. Das liegt allerdings weniger an diesem Gebirgsbach selbst, sondern eher an der engen Verknüpfung mit Bayerns Metropole München, bisweilen zitiert als *Monaco di Baviera* (italienischer Originalton), als nördlichste Stadt Italiens. Konsequenterweise gilt vielen die Isar mit ihrem bisweilen südlichen Flair als nördlichster Fluss Italiens. Nebenbei: Wenn das Italiens Nationalisten gewusst hätten, als sie Anfang des 20. Jahrhunderts Südtirol auf ihre Karte setzten – sie hätten Italien nicht nur bis zum Brenner-Pass ausgedehnt, sondern womöglich gleich bis zur Donau...

Aber wie steht's um den Bekanntheitsgrad der Isar? - Man mag es kaum glauben: überraschend schlecht!

Wirklich! In der Umgebung von München geht's ja noch. Stichworte: Flaucher, Grillen, Floß-Fahrten, Kloster Schäftlarn, Pupplinger Au, Nacktbaden, Radeln, Bootstouren usw. – eine wirklich bunte Mischung, doch eben nur ein kleines Spektrum der Isar.

Von München weiter südwärts Richtung Alpen wird die Kenntnis immer magerer. Das mag daran liegen, dass der Fluss über weite Strecken nicht von Panoramastraßen gesäumt ist – zum Glück. Folglich kriegen die nur autofahrenden Ausflügler wenig davon mit.

Fragen Sie doch mal in Ihrem Bekanntenkreis, wo die Isar entspringt. Am besten mit unserem **„Isar-Selbst-Test"** am Buch-Ende. Vielleicht gibt's ja 6 Richtige?

Sieht man von Berg-Fexen mal ab, die sich gern im etwas brüchigen Kalkstein des südlichen Karwendel tummeln, dann kennt kaum einer den Ursprung. Meist wird halb blind auf „Sylvenstein" getippt (ein Speicher-Stausee zwischen Lenggries und Mittenwald). Falsch.

Andere vermuten die Quelle beim Großen Ahornboden, einem beliebten Ausflugsziel im östlichen Teil des Karwendel-Gebirges. Ist schon besser, liegt aber leider auch daneben.

Ein waschechter Münchener, den wir befragten, erkannte seine Wissenslücke und frozzelte: „Na, da wird sie halt vom Nockherberg runterkommen." Aber von dort strömt nur das Frühlings-Starkbier, einst aus urigem Paulaner-Keller, heute arg modernisiertes Ambiente. Und das hilft uns auch nicht weiter; man stelle sich vor, die Sonnenanbeter auf dem Isar-Kies könnten sich bei Sommerhitze auch noch an diversen Starkbieren laben ...

So ein Pech aber auch: Der bayerischste aller Wasserläufe entspringt nämlich im „feindlichen Ausland", wie ein Österreicher feixend sagte: „Prinzipiell ist ein Nachbarland ja immer feindlich, aber das kann (womit wir wieder beim Thema wären) durch Genuss von Alkohol gemildert werden ..."

Zur Sache: Aus dem südwestlichen Karwendel kommt die Isar, aus dem **Hinterautal** östlich von Scharnitz. Der Münchner Modefluss führt österreichisches Wasser! Gar nichts Schlechtes. Immerhin war Österreich bis 1918 richtige Seemacht, Bayern aber nie...

Lassen wir dies für viele Bajuwaren unerquickliche Thema. Wir werden dem Dutzend Isar-Quellen noch nahe kommen.

Aber auch danach bleibt die Isar ein unbekanntes Wesen. Ich möchte wetten, dass viele, die von Innsbruck über Scharnitz

Nur recht wenige wissen, wo der berühmte bayerische Fluss herkommt, wo er mündet.

Wir haben es bei etwa 300 Leuten getestet, und das (leider magere) Ergebnis war mit ein Grund für dieses Buch.

Kirche der drei Hl. Jungfrauen
auf dem Kirchbichl.
Bis 113 v. Chr. wohnten Kelten in
unserer Heimat. Ihre Kultorte

*Wahrscheinlich gaben die lang rund um die Isar lebenden **Kelten** der Isar den **Namen** (Kasten unten). Die Baiern kamen ebenso wahrscheinlich wohl aus West-Ungarn.*

in Richtung Mittenwald fahren, nicht wissen, dass sie nach der Bundesgrenze den Oberlauf des Münchner-Kindl-Bachs passieren. Die grüne Isar versteckt sich nämlich gekonnt hinter einem lichten Auwald und rauscht außer Sichtweite noch recht ungezähmt vor sich hin.

Noch etwas hat wohl dazu beigetragen, dass das Umfeld der Oberen Isar *terra incognita* blieb: Bis vor wenigen Jahren wurde das Isarwasser bei Mittenwald meist restlos abgeleitet zum Walchensee. Der kastrierte Fluss trat daher jahrzehntelang bis hin zum Sylvenstein-Stausee fast nicht in Erscheinung. Es blieb nur ein totes Kies-Bett, höchstens zur Kiesgewinnung und als (gottlob nicht realisierte) Trasse für eine neue Fernstraße nutzbar, während das Wasser fern vom alten Flusslauf Energie erzeugen durfte.

Das hat sich in letzter Zeit etwas gebessert, wie sich überhaupt viel zum Guten gewendet hat an der Isar. Beton-Korsetts wurden gelöst, „Renaturierung" heißt die neue Losung.

Und die wollen wir uns doch mal anschauen ...

Namen sind Schall und Rauch?

„ISARA ..." – DIE RASCHE, REISSENDE

„Kelt.-röm. Flussname" so kündet ein großes Lexikon, wenn man unter „Isara" nachschlägt. Das klingt doch ziemlich trocken für ein so spritziges Gewässer, oder?

Eigentlich teilt sich die Isar ihre häufig zu findende Übersetzung „die Rasche, Reißende" mit vielen anderen Flüssen im ehemaligen keltischen Sprachbereich. Bekannt ist sicher die **Isère**, der 290 km lange linke

Nebenfluss der Rhone. Sie hat immerhin einem Département (französischer Verwaltungsbezirk) den Namen gegeben. Und dessen Hauptstadt Grenoble wird wohl fast jeder Frankreich-Tourist einmal passiert haben wie auch das „Val d'Isère", das französische „Isar-Tal".

Es gibt weitere Flussnamen mit Wortstamm **Is...** Zum Beispiel die **Iser** in Böhmen (Tschechien),

rechter Nebenfluss der Elbe. Sie hat dem *Iser-Gebirge* zum Namen verholfen. Unsere Isar war leider namensgebend nicht so erfolgreich: Sie hat es „nur" zum *Isar-Loisach-Gletscher* der Eiszeit gebracht.

Kaum zu glauben: Auf einigen Karten aus dem 18. Jahrhundert ist die Isar ebenfalls als **Iser** verzeichnet! Um 1720 sogar: *der* **Isser.** Die Lautverschiebung zu „Isar" ging wohl erst vor 200 Jahren über die Sprach-Bühne.

In Tirol finden wir *Is...* gleich zweimal: **Fiume Isarco** (Eisack) in Südtirol. Lateinisch **Isarcus**, „der Kräftige". Der Eisack entspringt beim Brennerpass und mündet bei Bozen in die Etsch.

Nicht weit entfernt vom Eisack-Tal gibt es bei Lienz in Osttirol ein weiteres Beispiel: Die **Isel**. Auch sie hat einem Berg ihren Namen verpasst (**Iselberg**, ein Pass an der Straße zum Großglockner).

Wohl die meisten dieser Namen stammen aus keltischer Zeit, denn die keltischen Landsleute von Asterix & Obelix drangen weit nach Osten vor und sind damit so etwas wie Stammväter der Bayern.

Die Bedeutung von *Is...* ist allerdings etwas vage, da klingt die Übersetzung des lateinischen **Isara rapidus** schon flotter: „die Rasche, Reißende, Raubgierige".

Bayerns Liebling mit zwei Brüsten...

DIE ISAR, IHRE QUELLEN („URSPRUNG") UND NEBENFLÜSSE

„Iller, Lech, Isar, Inn,
fließen von Süd zur Donau hin.
Altmühl, Naab und Regen
fließen ihr entgegen."

Mit diesem Merkspruch aus Schülerzeiten haben wir die Isar und ihre Donau-Kollegen kurz und bündig eingeordnet. Alle sieben gehören zum Einzugsbereich der Donau, ihr Wasser landet letztlich im Schwarzen Meer. Die große europäische Wasserscheide zwischen Donau und Rhein ist übrigens an der Autobahn A8 auf der Schwäbischen Alb westlich von Ulm mit einem Hinweisschild markiert – ein netter Service der Autobahnmeisterei.

Der *Ursprung* der Isar findet sich im südwestlichen Karwendelgebirge, im tirolerischen *Hinterautal* östlich von Scharnitz (siehe Tour 1). Es handelt sich um ein rundes Dutzend kleiner, glasklarer Quellen am Südfuß der Birkkar-Kette, auf etwa 1.162 Meter über Normalnull. Auf älteren Karten findet sich das Quellgebiet als „Bei den Flüssen".

Oft wird die Quelle des Nebenflüsschens *Lafatsch(er)-bach* als Isarquelle bezeichnet (s.o. Topographische Karte Seite 217). Dieser Isarzufluss entspringt nahe dem 1910 m hohen Überschalljoch (östlich der Halleranger Hütten). Der Lafatscherbach wirkt zwar eine Nummer größer als die ganz junge Isar, versiegt aber in trockenen Sommern. Somit kann er kein Quellfluss sein – aber das wollen wir mal nicht so eng sehen. Mag sich die Baby-Isar also an zwei Brüsten nähren...

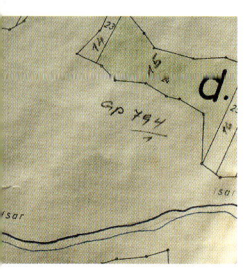

Alte Flurstück-Karte mit Isar-Ursprung.

„OBERSTE" UND „OBERE ISAR"

Offiziell gibt es die Bezeichnung *Oberste Isar* gar nicht. Wir haben sie gewählt, um den Unterschied deutlich zu machen zwischen dem reinen jungen Natur-Fluss im Tiroler Hochgebirge gegenüber der folgenden *Oberen Isar* ab Bundesgrenze/Mittenwald bis München, die dann einen völlig anderen Charakter hat als im Hinterau-Tal.

Im Hinterautal (Tour 1 und topogr. Karte 1) nimmt unser Fluss mehrere Bergbäche auf: zunächst den ÖD-KARBACH nahe dem Ursprung, dann von links den GLEIRSCHBACH und wieder von rechts den KARWENDELBACH. (Zu links/rechts s. S. 195).

Bei der Porta Claudia am Scharnitz-Pass geht die Isar über die Grenze und wird zum bayerischen Fluss: *Obere Isar* ab Fluss-km 263, gerechnet ab Mündung in die Donau. Von links kommt der LEUTASCH-Bach aus seiner (sehenswerten!) Klamm. Die Isar strömt in einem Alpen-Quertal an Mittenwald vorbei nordwärts, bis man ihr beim Ort Krün einen Großteil des Wassers abgräbt und zur Strom-Erzeugung in den Walchensee leitet (siehe Tour 2). Seit einigen Jahren ist eine kleine Restmenge garantiert, die ins Isarbett geleitet werden muss. So

Zweimal Isar-Quelle: „Ursprung" (1162 m) und Lafatscher-Bach südöstlich davon.

Unterspülte Bäume, denen kein langes Leben mehr beschieden ist (zwischen Bad Tölz und Wolfratshausen).

Sehr viele große Nebenflüsse hat die Isar nicht. Hier mündet (rechts, westlich) die Loisach ein, die das Einzugsgebiet der Isar sehr stark vergrößert.

ist zumindest optisch der Charakter des Wildflusses gewährleistet auf dem nun ostwärts gerichteten Weg zum Sylvenstein-Speichersee.

Auch das Wasser der drei rechten Nebenflüsschen RISS-BACH, DÜRRACH und WALCHEN wird großteils anderweitig verwendet, so dass der Oberen Isar viel Wasser verloren geht. Zudem wird die Isar gestaut – all diese Faktoren führen dazu, dass dem Fluss Nachschub an Kies-Geschiebe fehlt und die Isar sich allmählich tiefer eingräbt. Kiesbänke werden nicht mehr so häufig von Hochwassern geflutet, was sich auf die Vegetation auswirkt (siehe die Kapitel *Flora* und *Fauna*).

Die Isar geht ab Sylvenstein-See endgültig auf Nord- bzw. später NO-Kurs und verlässt allmählich die Bayerischen Alpen, wo sie den JACHEN aufnimmt (von links, vom Walchensee her kommend).

Die Isar in Bad Tölz

Bei Bad Tölz hat unser Fluss das malerische, wellig-hügelige Alpenvorland erreicht. Auch hier wird die Isar noch einmal zur Strom-Erzeugung von Tölz aufgestaut. Danach strömt sie eine Zeit lang frei, wohl einer ihrer schönsten Abschnitte mit geschützten Auen (Touren 5 bis 7). Teilweise schlängelt sie sich auf dem Boden des vor 12.000 Jahren ausgelaufenen Wolfratshauser Sees, ein Eiszeit-Relikt, einst größer als der westlich benachbarte Starnberger See.

Bei Wolfratshausen mündet zunächst der LOISACH-ISAR-KANAL von links ein, durch den die Isar das bei Krün geraubte Wasser wieder zurück erhält. In der „Pupplinger Au" am Isarspitz mündet die LOISACH ein. Nun ist das Isarwasser kurzzeitig komplett (s. Tour 8).

Das Tal wird wieder etwas enger, das Westufer wuchtiger. Wieder wird am Ickinger Wehr Wasser abgeleitet durch den Werkskanal zum Kraftwerk Mühlthal. In diesem Bereich wurde die Isar unlängst aufwendig renaturiert, Beton entfernt oder dem Fluss als Geschiebe-Ersatz zugeführt. Und wichtiger noch: Auch hier bleibt der Isar mehr sogenanntes *Restwasser* als früher, so dass die Natur-Isar wieder für Boote und zum Baden interessant ist.

Flussab von Schäftlarn mündet der Kanal ein, auf kurzem, wunderschönem Abschnitt darf die Isar frei strömen, dann folgt ab Baierbrunner Wehr bis München eine Kette kleiner Wasserkraftwerke am Kanal, links der freien, nunmehr etwas aufgepäppelten Isar.

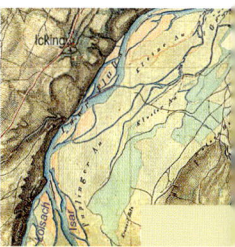

Historische Karte 1850: Damals unregulierte Isar zwischen Loisach-Mündung und Icking.

„MITTLERE ISAR"

Ab dem Höllriegelskreuther Wehr wird der Fluss amtlich *Mittlere Isar* genannt. Sie durchquert – im Süden renaturiert – das Weichbild von München im „Canale Grande" mit hohen Ufer-Kaimauern und in mehreren Armen (Tour 11). Faszinierende Isar auch im Bereich der Metropole!

Nördlich von München noch mal Ableitung im Großformat: Vom Oberföhringer Wehr im *Mittlere-Isar-Kanal* (nicht: *Mittlerer Isarkanal*, siehe rechts) zum großen Ismaninger Speichersee und mit einer Kette von Wasser-Kraftwerken Richtung Moosburg/Landshut.

Die „Rest-Isar" dümpelt derweil mager (wenngleich seit 2002 mit Mindest-Wasserabgabe etwas aufgebessert) nordwärts über die Münchener Schotterebene, kann nördlich Moosburg von links die AMPER aufnehmen und erhält nach dem Moosburger Stausee bei Landshut das Wasser des Mittlere-Isar-Kanals zurück.

Ab Landshut ist der Isar amtlich das Etikett *Untere Isar* angeheftet. Weitere nennenswerte Nebenflüsse hat die Isar danach bis zur Mündung in die Donau bei Plattling nicht zu erwarten.

Es war das erste Mal seit 1929 Mittleren Isarkanal zwischen und Moosburg das Wasser abge...

Rätsel um den **Mittlere-Isar-Kanal,** *der auf Karten usw. sehr häufig als*

Mittlerer Isar-Kanal *falsch geschrieben wird. Es gibt aber keinen rechten/linken oder oberen/unteren Kanal, der das* mittlerer *rechtfertigen würde. Der richtige (wenngleich seltsam anmutende) Name bezieht sich auf die* Mittlere Isar *von München bis* Landshut. *Ist nicht so wichtig, aber gut zu wissen.*

DAS ISAR-GEFÄLLE

Etwa 14 Kilometer legt die junge Isar mit starkem ca. 12-Promille-Gefälle auf österreichischem Gebiet zurück. Ursprung auf 1162 m Höhe, bei der Grenze ca. 950 m. Danach fließt sie knapp 264 km durch Ober- und Niederbayern. Das Gefälle nimmt dabei stetig ab.

Das Gefälle flacht zur Mündung hin stark ab. Aus der zuvor „Reißenden" wird in der Unteren Isar ein stiller Donau-Zufluss (Tour 13).

Die zuvor „reißende" Isar wird alt und müde: Im flachen Plattlinger Schwemmland auf den letzten 10 km errechnet sich weniger als 1 Promille.

Bei der Mündung in die Donau beträgt die Höhe nur noch 310 Meter. Die Isar hat also ab ihrem Ursprung im Karwendel auf etwa 275 km Wegstrecke etwa 852 Meter „abgebaut".

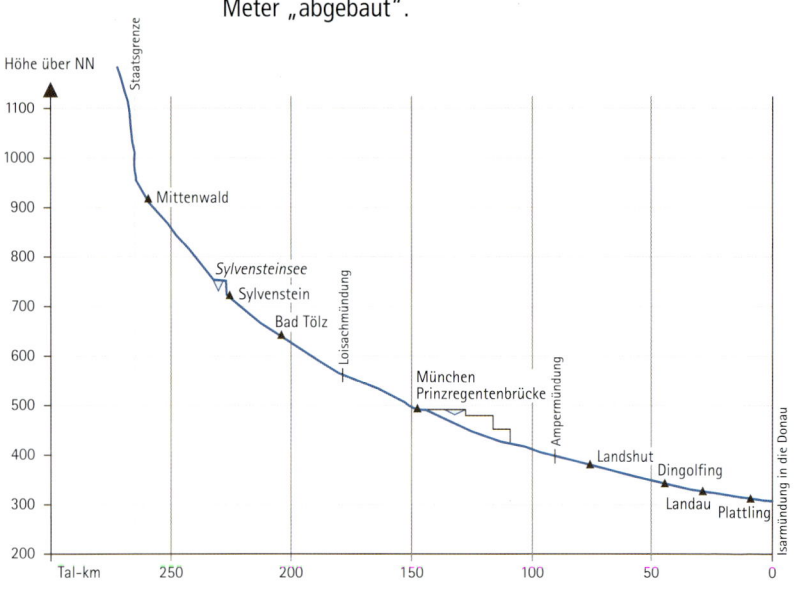

Mit starkem Gefälle strebt die klare, sogenannte „sommerkalte" Isar der ruhigen, wärmeren Donau entgegen.

Übersichtskarte der Isar von der Quelle bis zur Mündung

Beim Lesen können Sie schneller auf die Karte hinten im Umschlag zugreifen sowie auf den topographischen Atlas.

ISAR 23

Daten/Fakten auf einen Blick

ORTE UND SEHENSWÜRDIGES

HINTERAUTAL / TIROL

Wunderschönes Karwendel-Hochtal mit dem *Isar-Ursprung*, weniger überlaufen als der renommierte *Ahornboden* (Eng).

SCHARNITZ / TIROL

Auf 964 m Höhe, wichtiger Zugang zum Karwendel-Park. Informatives Museum. Reste der Engtal-Festung „Porta Claudia". Bergwanderungen.
INFO: Tel 0043-5213/5270
email: info@scharnitz.tirol.at
www.tiscover.com/scharnitz

MITTENWALD

Hübscher alter Marktort unter der Karwendelwand, im Sommer recht überlaufen. **Geigenbau-Museum** (Ballenhausgasse 3). „Lüftlmalerei" (Fresken) an Hausfassaden. Großkabinenbahn zur Karwendel-Westspitze. Bergwanderungen. Seen und malerische „Buckelwiesen". Etwas Kurioses: das „Wolpertinger-Museum" (Innsbrucker Str. 40).
touristinfo@markt-mittenwald.de
INFO: www.mittenwald.de

KRÜN/WALLGAU

Hübsche Orte in weitem, malerischen Becken, ideal für einfache Spaziergänge (wie auch im folgenden Isartal bis Sylvenstein). Bergtouren, z. B. auf die Soiernspitze.   www.kruen.de

SYLVENSTEINSPEICHER

Zwar Fremdkörper im Isartal, aber hübsch anzusehender, Fjord-artiger Stausee mit klarem Wasser (Rückhaltebecken zum Hochwasserschutz und zum Ausgleich in Trockenperioden, nebenbei auch zur Stromerzeugung).

JACHENAU

Linkes Seitental der Isar unter der Benediktenwand. Ideal für Wanderungen und Radtouren zwischen Isar und Walchensee.
INFO: www.jachenau.de

LENGGRIES

Erfreulich ländlich gebliebener Ort im *Isarwinkel*, auf dem rechten Ufer etwas abseits der Isar liegend. Kalvarienberg mit alter Kapelle, Ruine Hohenburg. Bergbahn aufs *Brauneck*, dort sehr gute Wandermöglichkeiten. Tipp: Über dem rauschenden Katarakt nördlich des Ortes das Gasthaus *Isarburg*.
INFO: www.lenggries.de

BAD TÖLZ

„Hauptstadt" des Isarwinkels, 17.000 Einwohner. Sehr schönes Ambiente mit dem Kalvarienberg. Prächtige Marktstraße mit alten Fassaden (Fußgängerzone). Sehr gute touristische Infrastruktur, aber oft überlaufen und verkehrsgeplagt.
INFO: www.bad-toelz.de

EINÖD

Kleiner Weiler am re. Ufer. Ideale Station für Kanufahrer. Einfache Camp-Möglichkeit und Land-Gasthaus.

GERETSRIED

Westlich abseits des Flusses. Erst nach dem 2. Weltkrieg groß gewordenes Städtchen, neue Heimat vieler Sudetendeutscher.

ASCHOLDING

Charmanter, noch ursprünglich gebliebener Ort auf dem rechten Ufer. Tipp: Land-Gasthaus *Lacherdinger*.

WOLFRATSHAUSEN

Liegt etwas westlich der Isar am Nebenfluss Loisach, zeigt der Isar also den Rücken. Attraktiver Ort, wenngleich wie Tölz vom Verkehr arg strapaziert. Startpunkt von Isar-Gaudi-Flößen nach München. – An der Isarbrücke (Marienbrücke) der unscheinbare Weiler Puppling mit zwei beliebten Wirtshäusern und Biergärten. **INFO:** www.wolfratshausen.de

AUMÜHLE

Wirtshaus mit Biergarten östlich vom Kanal. Forellenzucht.

KLOSTER SCHÄFTLARN

Alte Kloster-Abtei im Isartal. Angeschlossen sind Groß-Gaststätte und geräumiger Biergarten.
Tipp: Etwas schöner, da direkt an der Isar gelegen: Wirtshaus *Bruckenfischer* mit Biergarten-Terrasse, einmalig über der freien Isar (Tipp!).

BAIERBRUNN-BUCHENHAIN

Doppelort auf dem Hochufer. Wanderwege zum *Georgenstein* in der Isar, nahebei am Kliff Klettergarten des Alpenvereins DAV sowie neues *Geotop:* Informationen zur Erdgeschichte.

GRÜNWALD

Ruhiger Villenvorort von München. Restaurierte Burg und *Schloss-Hotel* **INFO:** www.landkreis-muenchen.de oder www.gemeinde-gruenwald.de

MÜNCHEN

Bayerische Landeshauptstadt. „Weltstadt mit Herz", unzählige Attraktionen, in Isarnähe z. B. Tierpark Hellabrunn, Deutsches Museum, Maximilianeum mit Bayerischem Landtag, Friedensengel, Englischer Garten, Hirschau. Isar-Renaturierung!
INFO: www.muenchen.de

FREISING

Kulturell hochinteressant, viel älter als München (erste Burg bereits um 700). Altes Ortsbild der Unterstadt („suburbium"). Domberg mit Oberstadt „urbs" und Dom. - Ehemalige Abtei *Weihenstephan*, Mutter aller Brauereien. Heute Teil der Münchener TU. Spezialgebiete Agrar- und Brauwirtschaft.
INFO: www.freisIng.de

LANDSHUT

Hauptstadt von Niederbayern. Die Isar ist hier zweigeteilt. Sehr schöne Marktstraße mit schönen markanten Giebelhäusern. Martinskirche von 1398; 60 m darüber wacht dominierend die Burg Trausnitz.
INFO: www.landshut.de

UNTERE ISAR

Nette Städte wie Landau und Plattling, aber lohnend auch malerische Orte an Nebenstraßen wie z.B. Nieder-Pöring. Bayerischer Wald im Hintergrund.

Per pedes, mit dem Fahrrad, im Kanu ...

AKTIVITÄTEN AM UND AUF DEM GRÜNEN WILDFLUSS

Da das Wegenetz an der Isar nicht durchgehend direkt am Ufer oder wenigstens in dessen Nähe verläuft, ist ein Boot das optimale Mittel, den Fluss hautnah zu erleben. Es ist zudem ein äußerst angenehmes Fortbewegungsmittel. Außer Tour 1 (schwierigeres Wasser), Tour 2 (teilweise kanalisiert) und Tour 3 (anfangs meist nicht ausreichend Wasser) sind alle Touren für halbwegs geübte Wasserwanderer machbar.

Mühsam sind nur einige Umtragungen an Wehren sowie der Rücktransport zum Ausgangspunkt, in den meisten Fällen wohl zum eigenen Fahrzeug. Alternativen wie Anfahrt mit zwei Autos und natürlich Nutzung öffentlicher Verkehrsmittel (siehe im Praxisteil).

Ideal sind robuste Schlauchboote, Preiskategorie von ca. 500 Euro an aufwärts. Damit werden Sie viele Jahre Ihren Spaß haben, nicht nur auf der Isar.

Bei festen Booten empfiehlt sich das Kajak: Es ist relativ leicht zu verladen und wendig auf dem Fluss. Für 1 bis 2 Passagiere. Achten Sie auf relativ große Bootsbreite, dadurch wird das Schiffchen kentersicher und der Einstieg ist meist auch groß genug. Eine Steueranlage ist hilfreich, aber für die Isar nicht unbedingt ein Muss.

Übrigens: (Schlauch-)Boote kann man natürlich auch mieten (siehe aktueller Anhang oder Internet).

Hochwertige Schlauchboote (oben) sind auch am spitzen Baum-Verhau sehr sicher.

Die Fahrt im offenen Kanadier-Kanu ist optisch abenteuerlich, aber technisch nicht so einfach wie im guten Schlauchboot oder im Wander-Kajak.

„NUR WO DU ZU FUSS UNTERWEGS WARST, BIST DU RICHTIG GEWESEN..."

Dieser Spruch wirkt vielleicht etwas übertrieben, ist aber im Kern richtig. Natürlich erlebt man eine Landschaft mit Boot und Fahrrad ebenfalls intensiv, wie eben mit allen gemächlichen Fortbewegungsmitteln.

Wandermöglichkeiten finden sich an der Isar in großer Zahl. Es existiert zwar kein durchgehend beschilderter Isaruferweg, aber mit guter Karte lassen sich herrliche Einzelstrecken auswählen. Weniger geeignet sind Tour 1 wegen ihrer Länge und Tour 5 zwischen Tölz und Geretsried. Ideal für leichtes Trekking auf wenig definierten Pfaden ist Tour 3 im oberen Isartal. Wander-Informationen im Tourenteil sind mit entsprechendem Logo gekennzeichnet.

In den Gebirgs-Abschnitten (Tour 1 bis 4) lohnen sich Bergtouren. Zwar etwas anstrengender als das Wandern im Tal, aber mit Perspektiven-Verlagerung in die Höhe! Und mit meist unvergesslichen Erlebnissen.

Wenn der Schweiß treibende Anstieg zu mühsam oder die Zeit zu knapp ist, kann man auf Bergbahnen ausweichen, Beispiele dafür im Text, z. B. *Karwendel-Westspitze* über Mittenwald oder *Brauneck* (Lenggries). Die Aufstiegshilfen sollten nur für die Bergfahrt benutzt werden, der Abstieg ins Tal ist ja nicht so mühsam.

Nicht so spektakulär wie Fun-Sportarten, aber tolle Leistung:

Diese bayrlschen Buam legten die 21-km-Strecke Bad Tölz-Wolfratshausen halb wandernd, halb schwimmend zurück.

<u>Unten</u>: *Radeln ist in an der Isar.*

RUND UMS RAD

Weil es im Isartal – von wenigen Ausnahmen abgesehen – kaum starke Höhenunterschiede gibt, reicht nahezu jedes Bike für Erlebnisfahrten aus. Optimal in Flussrichtung! Da geht's - logo - mehr bergab.

Relativ breite Reifen sollte das Rad haben und mindestens eine 5-Gang-Schaltung. Rennräder mit ihren schmalen Pneus und City-Bikes scheiden damit aus, sind eher etwas für die befestigten Radwege.

Das Mountain Bike mag ideal erscheinen wegen der technischen Möglichkeiten und des geringen Gewichts. Ein MTB ist jedoch wegen der mageren Ausstattung für Erlebnistouren weniger ideal als für Abenteuer-Aus-

ritte. Wenn es mal regnet, klatscht einem das Wasser von den Schutzblech-losen Reifen auf den Rücken. Mangels Gepäckträger lassen sich Ausrüstung, Brotzeit und Kamera kaum oder nur mühsam unterbringen.

Fazit: Es sollte ein Trekking-Rad sein. Das kann im Isar-Bereich nahezu alles, auch mal auf schlechteren, kiesigen Wegen abseits des gebahnten Isar-Radwegs.

Gut erreichbar: Per Rad an die renaturierte Isar bei München.
Links: an Großhesseloher Brücke.
Unter: Auf perfektem Auto-fernen Isar-Radweg nördlich von München.

Ende! Zurück! In den naturnahen Zonen kann ein Weg schon mal weggeschwemmt sein. Abenteuer pur!

Von den Bergen ins Alpenvorland

ISAR-GEO-GESCHICHTE & FLORA

Die Flora im Isartal muss mit der jüngeren Erdgeschichte betrachtet werden. Die Isar ist ein Kind der vier Eiszeiten, besonders geprägt natürlich durch die letzte, die Würm-Eiszeit. Sie endete vor 10 000 Jahren. Zuvor züngelten die Gletscher aus den im Tertiär (vor etwa 20 Millionen Jahren) hochgefalteten Alpen bis ins heutige Oberland. Geomorphologisch gesehen sind diese paar Millionen Jahre eine relativ kurze Zeitspanne. Und die Jährchen seit Ende der Eiszeit sowieso.

Als es wieder wärmer wurde, „zogen sich die Gletscher zurück", richtiger: sie tauten langsam ab. Ein Vorgang, der z. B. auf dem Zugspitzplatt (*Schneeferner-Gletscher*) bis heute anhält. Der Rückgang der Gletscher ist anschaulich zu sehen in der Website www.gletscher-archiv.de mit Vergleichsbildern von vor ca. 200 Jahren und jetzt. Besonders eindrucksvoll z. B. der Fotovergleich des *Hornkees* südöstlich von Innsbruck.

In den so genannten Zungenbecken der Gletscher, also an der Gletscherspitze im Alpenvorland, bildeten

Enzian - im Frühsommer reichlich in der Gebirgszone aufblühend. Einst fand man Berg-Flora wie Edelweiss sogar als „Fremdlinge" bei München! Die Samen wurden von der Isar herangeschwemmt.

Urwald am Nagelfluh-Schottergestein.

Verbreitet sich auch übers Wasser: Sonnenblume im Baumverhau.

Pionierpflanze Weide: Bildet ganze Weichholz-Auen-Gürtel.

Unten: Harmloser „Fremdling" auf Isarkies: Angeschwemmte Tomaten-Samen haben Brotzeit-Beilage produziert.

sich große Seen, von denen z. B. der Ammersee oder Starnberger See bis heute erhalten blieben. Auch der Oberlauf der Isar konnte mit einem See aufwarten: mit dem Wolfratshauser See, nördlich begrenzt von der Endmoräne zwischen Wolfratshausen und Schäftlarn. (Moränen sind Schotterwälle aus Geröll, die der Gletscher vor sich her schob oder die er seitlich aufbaute).

Das Isarwasser schaffte es, diesen Moränengürtel zu durchgraben. Der See (der größer gewesen sein soll als der Starnberger See) floss allmählich aus und es blieb der recht ebene Seeboden aus abgelagerten Sedimenten. Gut zu sehen im Bereich Wolfratshausen, Geretsried, Königsdorf. Hier bildeten sich im vielfach verzweigten, bis vor wenigen Jahren noch sehr mit Wasseradern durchzogenen Isarbett weite Au-Landschaften.

Vom Fluss mitgeführtes „Geschiebe" aus rund geschliffenem Alpen-Gestein bildete immer neue Kiesbänke. Sie werden im Wechsel überflutet, liegen dann trocken, stehen wieder unter Wasser. Immer wieder versuchen „Pionierpflanzen" dort Fuß zu fassen; die jungen Pflanzen haben gegen die Hochwasserwucht bisweilen keine Chance, werden ausgerissen.

Die Samen werden aus den Bergen herangespült. Durch diese „Alpen-Schwemmlinge" bildet sich eine etwas andere, alpine Vegetation aus als in den weit von der Isar entfernten Zonen auf gleicher Breite. Noch vor hundert Jahren gab es im Raum München sogar Edelweiß!

Der Bau des Walchensee-Kraftwerks (um 1923) mit der massiven Ableitung von Isarwasser ab Krün, später der Sylvenstein-Speichersee (ab ca. 1960) und der Tölzer Stausee (ab 1961) veränderten die Isar-Dynamik und das natürliche Gleichgewicht. Hochwasser wurden seltener, Geschiebe lagerte sich ab und wurde längst nicht mehr im vorherigen Umfang bewegt. Wichtig für die Vegetation: Die Kiesbänke konnten nicht mehr wie zuvor freigespült werden. Dadurch ist die Fläche freier Kiesbänke *(Gries)* seit der Walchensee-Ableitung binnen etwa 80 Jahren extrem geschrumpft (gut zu sehen z. B. in Lenggries im Vergleich mit älteren Fotos). Die Vegetation hatte es leichter, sich auszubreiten und damit den Fluss-Charakter zu verändern.

Vielerorts informieren Schautafeln über Flora und Fauna am Fluss.

Zweiter Störfaktor ist der direkte menschliche Eingriff durch Land-/Forstwirtschaft und vor allem durch Besiedlung. Auch an den kanalartig befestigten und stark begradigten Isar-Abschnitten siedelte sich eine Flora an, die wohl eher unnatürlich wirkt an einem Wildfluss. (Siehe Abb. linke Seite.)

*Flachwurzler auf Nagelfluh-Konglomerat: Gestein aus verkitteten Flusskieseln (im interessanten **Geotop Baierbrunn**).*

Buntes Allerlei im Naturschutzgebiet der Pupplinger Au.

Spinnennetz im morgendlich-frischen Ufer-Bergwald.

Besonders farbenfroh: Isar-Auwald im Herbst.

Nun zum eher positiven Aspekt: Halbwegs erhalten blieb die Vegetation in den geschützten Bereichen. Zum Beispiel *Pupplinger Au* oder *Ascholdinger Au*. Schon früh begannen erste Maßnahmen, und seit 1986 stehen die Isarauen fast bis Bad Tölz unter Naturschutz (NSG). Ein Streifen daneben hat immerhin noch den etwas geringeren Standard des Landschaftsschutzgebiets (LSG).

Somit blieb eine großräumige Wildflusslandschaft erhalten. Deren Vegetation entwickelt sich in mehreren Abläufen, was sich vor Ort leicht beobachten lässt:

Ziemlich einmalig:
Stark geschützte Isar-Auen (mit alten Fluss-Armen) neben dicht besiedelten Zonen bei Geretsried/Gartenberg.

Auf den offenen „jungen" Sand- und Kiesbänken siedelt sich die erwähnte *Pionier-Vegetation* an, unter anderem das gelb blühende Habichtskraut. Richtige Gehölze gibt es hier noch nicht.

Werden die genannten Uferzonen lange Zeit nicht freigespült, können sich „verholzende" Pflanzen festsetzen: Weidenarten und der seltene Tamarisken-Strauch, insgesamt eher ein lockerer Buschwald, auch *Weichholz-Aue* genannt. Bei Lenggries sind im Laufe von 50 Jahren riesige Gries-Kiesflächen mit Auwald zugewachsen.

Auf ganz alten Ufer-Terrassen, die kaum noch von Hochwassern heimgesucht werden, entstehen wunderschöne Föhren-/Kiefernwälder *(Hartholz-Aue).* Hier finden sich zum Teil seltene Arten im Unterholz: Schneeheide, Sommerwurz, Graslilien und Orchideen-Arten (Frauenschuh, Knabenkraut und andere). Dazu kommen hohe Gräser.

Unterschiede in der Vegetation resultieren auch aus der Beschaffenheit des Bodens. Kiesflächen sind durchlässig, daher eher trocken und relativ nährstoffarm. Kein Wunder, dass die Flora hier nicht so recht hochkommen kann.

Sandflächen sind feuchter (Sand ist – für viele erstaunlich – ein hervorragender Wasserspeicher). Außerdem ist das Nährstoffangebot größer. Daher wachsen die Kiefern hier schneller und höher (z. B. gut sichtbar in der Pupplinger Au).

Man könnte annehmen, viele Nährstoffe seien gut für die Wildnis-Flora. Stimmt so aber nicht. Arten, die sich

Föhren-/Kiefernwälder auf alten Ufer-Terrassen.

Hübsch anzuschauen, aber lästiger Fremdkörper am Fluss: Das Indische Springkraut, das sich mit „explodierenden" Samenkapseln schnell verbreitet.

Alpiner Nadelwald an der jungen Isar.

im Lauf der Geschichte auf kargen Böden entwickelten, werden von anderen, schnell wachsenden Pflanzen verdrängt, sobald zu viel Nährstoffe vorhanden sind (zum Beispiel Dünger aus der Landwirtschaft oder organische Abwässer). Typisch für unerwünschte *Newcomer* ist das Indische Springkraut (links), das nun vielerorts wuchert.

Auch die vielen Ausflügler (und was die so hinterm Busch zurücklassen) tragen zur Reduzierung der Vielfalt bei. Zum einen wird schützenswerte Flora schlicht zertrampelt, zum anderen entwickelten sich hinter stark heimgesuchten Sonnenanbeter-Kiesbänken breite Gürtel mit Brennnesseln und anderen nährstoffliebenden Pflanzen – die ursprüngliche Flora wurde durch "düngende menschliche Hinterlassenschaften" verdrängt.

FLORA-VERÄNDERUNGEN IN DER HÖHE

Im Alpenvorland sind die ja oft unscheinbaren Besonderheiten der Isar-Vegetation in der Auen-Landschaft für "Normalverbraucher" nicht so leicht zu erkennen wie bei der Wanderung in die Höhe. Die Durchschnittstemperatur nimmt alle 100 Höhenmeter um etwa 0,6°C ab. Der Wanderer merkt das oft nicht unbedingt, weil er sich für seine Exkursionen ja meist Schönwettertage aussucht – und da kann es durch die in der Höhe stärkere Strahlung wärmer sein als im Tal (oder man empfindet es zumindest so).

Relevant ist jedoch der langjährige Durchschnitt, und da bedeutet ein halbes Celsius-Grad schon sehr viel (wie ja auch bei der allgemeinen Klima-Erwärmung).

Bis 1200 m wachsen vor allem Buche, Ahorn und Fichten, darüber folgt reiner Nadelwald.

In den Hochlagen dann nur noch „Krüppelgewächse" wie die Latschen sowie die grünen Bergweiden der Almen. Sie werden hier *Anger* genannt (z.B. *Halleranger* im obersten Isartal = der Anger des Ortes Hall).

Was da schwimmt,
kreucht(e) und fleucht(e):

ISAR-FAUNA

„Vor einigen Jahren gab es hier noch recht viele Kreuz-
ottern, nun sind sie fast alle fort", meinte am Isarufer
mal eine Biologin. Gewiss: Die meisten werden das Verschwinden der kleinen, aber angeblich relativ harmlo-
sen Giftschlange nicht gerade bedauern. Aber es ist
auch ein Zeichen der Fauna-Verarmung.

In gar nicht so grauer Vorzeit war das Klima im Gebiet
der heutigen – damals noch gar nicht existierenden –
Isar subtropisch-warm! Flora und Fauna zeigten sich
für heutige Begriffe exotisch und dürften der in Mittel-
Amerika oder Süd-Asien geähnelt haben: Neben Pal-
men und immergrünen Gehölzen samt Lianen lebten
Elefanten, Krokodile, Riesen-Schildkröten, Giraffen,
Antilopen, Nashörner ...

Dann verschlechterte sich das Klima. Mehrere hundert
Meter dicke Gletscher schoben sich aus den Bergen ins
Vorland. Die Fauna im noch eisfreien Gebiet musste
sich anpassen: Aus dem ebenfalls mit Eis bedeckten
Nordeuropa wanderten Rentier und Mo-
schusochse ein. Allerdings kehrten in den
Warm-Phasen zwischen den vier Eiszeiten kurzzeitig Waldelefant und Waldnas-
horn zurück.

Insgesamt verarmte die Fauna während
der Eiszeiten, die ja erst seit rund 10.000
Jahren (vorläufig?) beendet sind. Am Aussterben vieler Arten war dann auch Homo
sapiens nicht unschuldig, der Mensch, der sich bald in
den eisfrei gewordenen Tälern ansiedelte. Die Renaturierung einiger Flussabschnitte in den letzten Jahren brachte viele abgewanderte Tiere zurück, denn es bietet sich
ihnen wieder günstigerer Lebensraum. So wurde unlängst am Südrand von München der extrem seltene
Eisvogel gesichtet sowie Biber und die seltene Schling-
natter.

Einige Tiere, die schon auf der *Roten Liste* (Seite 38)
standen, konnten sich vermehren: z. B. die Wolfsspinne

*Großwild wird man an
der Isar selten begeg-
nen, aber die Kleinen
wie Frösche, Grashüp-
fer oder Salamander
sind auch interessant.*

*Siehe dazu Seite 38:
Die „Rote Liste" der
bedrohten Arten ver-
zeichnet nun auch
„Allerwelts-Arten"
wie Grasfrosch, Lerche
oder Blindschleiche.*

*Bei Fischottern oder
Bibern (unten), den
größten deutschen
Nagern, wuchs der
Bestand.*

"Manchmal beneiden wir Euch.
Weil Ihr schön braun werdet.
In der Sonne, die unsere Gelege
bedrohen kann-
die letzten der Flußseeschwalbe (1),
des Uferläufers (2),
des Regenpfeifers (3): die von den
gefährdeten Bodenbrütern.
Vertreibt Ihr-ungewollt-unsere
schattenspendenden oder
wärmenden Eltern, so tötet uns
die Sonne oder die Kälte
ehe wir zur Welt kommen.
Geschlüpften Küken drohen
Fußtritte und Hundegeschnüffel.
Seid lieb, Leute.
Bräunt Euch auf allen Seiten.
Nur nicht auf unserer !"

Hallo Naturfreund,
Du bist im Naturschutzgebiet
„Isarauen zwischen Schäftlarn und Bad Tölz"
Vogelinseln vom 15. März bis 10. August
bitte nicht betreten ! (Verbot in der Verordnung)

Danke !

Gänsesäger ♀ vor Bruthöhle (4)   Euer Landesbund für Vogelschutz
Gänsesäger ♂ im Prachtkleid (5)   in BY/Bayern Bad Tölz-Wolfratshausen
Bachstelze (6) (nicht gefährdet!)   Tel. (08027) 1212 oder (08178) 5763
Sandwespe verproviantiert (7)

Fluss-Seeschwalbe und Regenpfeifer sind auf den Kiesbänken bedroht, daher dürfen die markierten Vogelinseln zwischen Mitte März und August nicht betreten werden .

und einige Schmetterlinge. Selbst „Allerweltsarten" wie Heuschrecken gab es lange Zeit in den betonierten Bereichen nicht, doch nun sind sie auf den Salbei-Glatthaferwiesen der neuen Böschungen wieder anzutreffen. Auffällig ist die Verbesserung nicht, aber ein guter erster Schritt.

Auch die Fische scheinen sich unter den neuen Bedingungen stärker vermehrt zu haben.

VÖGEL

Flussuferläufer und Flussregenpfeifer sind typische Bodenbrüter und so empfindlich wie bedroht! Bei häufigen Störungen verlassen sie das Gelege. An der Isar wurden „Vogelinseln" als Schutzbereiche eingerichtet, die im Sommer nicht betreten werden dürfen (siehe Kasten „Naturschutzgebiet" im Touren-Teil). Nicht nur der Mensch als Besucher kann die gut getarnte Brut schädigen, auch die Sommerhochwasser reißen die Nester mit sich fort.

In jüngster Zeit haben sich Raubvögel an der Isar vermehrt. Kormorane und Gänsesäger machen sich über verbliebene Restbestände der Fisch-Population her. Mehr zu diesen „Sündenböcken" der Fischer siehe unten.

Die Isar ist eine frequentierte Vogelzug-Achse. Mit der Renaturierung gibt's wieder mehr Rastplätze für die Zugvögel aus dem Wattenmeer.

Der Gänsesäger (Abb. oben 4 und 5) ist den Fischern ein Dorn im Auge. Sie fordern Abschuss oder Vergrämung.

PROBLEMATIK UM DIE ISAR-FISCHE

Einst konnte man bei einer Wanderung überm Isarufer relativ viele Fische in Fluss-Senken, Buchten und zwischen Steinen beobachten: vor allem Regenbogen-Fo-

rellen oder Äschen. Beide lieben schnelle Gewässer mit klarem Wasser und feinkiesigem Grund. An den meisten Isarabschnitten ist z. B. die Äsche fast ausgestorben.

Als Vertreter der *Groß-Salmoniden* in der Isar gilt der Huchen, auch „Donau-Lachs" genannt. Mitten im Stadtgebiet Münchens hat man ein Prachtexemplar gefangen: 1,25 Meter lang und 36 Pfund schwer – kaum zu glauben! Trotzdem ist der „Königsfisch" des Süßwassers an der Isar vom Aussterben bedroht, weil er äußerst empfindlich auf Veränderungen des Lebensraums reagiert. Huchen lieben ebenfalls schnell fließendes Wasser, mit tiefen Gumpen als Unterstand. Der Fisch ist eher träge - die früher an den Wehren errichteten, viel zu steilen *Fischtreppen* dürfte er nicht bewältigt haben. Die neueren naturnäheren Durchlässe *(Fisch-Pässe)* können eher für Wanderungen sorgen als die einstigen Alibi-Fischtreppen.

Der Fischreichtum hat sich binnen 20 Jahren sehr negativ entwickelt. Obwohl die Bedingungen besser wurden (neue Laichgründe, Deckungsmöglichkeiten, Fischgassen), ist noch relativ selten ein Fisch auszumachen. Gründe dafür gibt es viele.

Die teilweise Verbauung der Isar mit hohen Dämmen in den letzten 70 bis 80 Jahren hat dazu geführt, dass die üblichen Fischwanderungen gestört oder gar unterbrochen wurden. Typische „Wanderfische" wie z. B. die Nase gelangen kaum noch an ihre früheren Laichgebiete. Übrig gebliebene Bestände zwischen den Dämmen verarmen genetisch durch Inzucht.

Auch die einst sehr schlechte Wasserqualität wirkte sich nachteilig aus. Da aber derzeit fast alle Kläranlagen mit optimalen UV-Schlussreinigungsanlagen nachgerüstet werden, dürfte zumindest dieser Faktor ad acta gelegt werden können. Doch die Fischbestände sind natürlich geschädigt und werden lange brauchen, bis sie sich wieder erholen.

Außerdem sind es ja nicht nur die natürlichen organischen Verschmutzungen, die das Wasser verschlech-

Die Äsche gehört zu den Heringen, (kaum zu glauben), ist aber auch mit den Lachsen verwandt.

Früher wurden Prachtexemplare bis 50 Kilogramm in der Isar gefischt..

Andere „kieslaichende" Arten wie Nase oder Huchen sind ebenso stark gefährdet. Die Bestände können sich auch wegen zunehmender fischfressender Vögel (wie Kormoran oder Gänsesäger) kaum noch regenerieren.

Positive Randnotiz:

An der Isar gibt es im Vergleich mit ähnlichen Gebieten Skandinaviens oder Alaskas recht wenig Stechmücken (außer an der Unteren Isar, Tour 13). Im Hochsommer schwirren nur gelegentlich ein paar Schnaken herum.

Was ist das denn? **Schwäne,** *von Natur aus angepasst an flache Seen, an der wilden neuen Isar!?*

tern, sondern auch verschiedene chemische Stoffe aus Agrarwirtschaft und Industrie. Nebenbei: Sauberes Wasser bedeutet für Fische: weniger Nährstoffe ...

In letzter Zeit sollte es nach dem Willen der Fischer auch einigen Vögeln an den Kragen gehen. Besonders die neuerdings in größeren Scharen auftretenden Kormorane sowie Gänsesäger (sie heißen tatsächlich so und nicht Gänsesänger, wie viele annehmen) sollen nahezu die gesamten Bestände gefressen haben. Die Fischer sähen die Sündenbock-Vögel daher gern auf der Abschussliste, die Naturschützer sind dagegen. Sie verweisen auf die vorhergegangene Störung des ökologischen Gleichgewichts durch Schädigung der Wasserqualität und mögliche Überfischung. Man kann sagen: Diese Vögel – selbst wenn sie rauben und fressen – gehören auch an die Isar.

Fazit: Egal, wer auch immer Recht hat: Auf großen Fischreichtum in der Isar darf man in naher Zukunft wohl nicht hoffen.

Einige Sätze zum „Sportfischen" an der Isar und dessen Problematik finden Sie hinten im Praxis-Teil. Vorweg: Auch hier sollte Otto Normalverbraucher nicht zu hoffnungsfroh sein: Angeln in der Isar unterliegt Restriktionen und ist daher sehr schwierig ...

„Ökologische Verödung"?

DIE „ROTE LISTE"

Als eine Art „Natur-Inventur" erscheint seit 1976 die Rote Liste mit den gefährdeten Arten in Bayern. Erstmals sind seit 2004 dort nicht nur eh schon rare Tiere oder Pflanzen aufgeführt, sondern auch „Allerwelts-Arten" wie Feldlerche, Grasfrosch, Teich-Molch, Bunter Grashüpfer oder Blindschleiche.

Trotz zahlreicher Schutzprogramme konnte der Rückgang der Arten nicht gestoppt werden. Selbst das Landesamt Umweltschutz sieht im Ausmaß der ökologischen Verödung die angebliche Schwarzmalerei der Umweltschützer übertroffen. Einige bereits bedrohte Spezies haben sich allerdings in letzter Zeit an der Isar wieder vermehrt angesiedelt.

Die Isar, wie sie nur wenige kennen:

Als spritziger Wildbach in dramatischer Hochgebirgskulisse des Tiroler Hinterautals.

Viel Typisches ist Vergangenheit ...

MENSCHEN AM FLUSS
UND ISAR-UMWELT

Manch altes Gewerbe, viele Berufe am Fluss sind verschwunden.

Oder sie haben sich stark verändert, wie z.B. die Feuerwehr früherer Zeiten (Lüftlmalerei)

Nach der Eiszeit wurden die Flusstäler im Alpenbereich nur langsam besiedelt. Allmählich entwickelte sich Agrar- und Holzwirtschaft im abgelegenen und weitgehend weglosen Gebiet. Als wichtigster Verkehrsweg entwickelte sich die Straße vom Brennerpass nach Mittenwald, wo zeitweise ein bedeutender Markt über die Bühne ging und Mittenwald zu einem relativ wohlhabenden Ort machte. Waren aus Oberitalien wurden hier gestapelt und dann weitertransportiert.

Schon früh im Mittelalter wurde die **Flößerei** zu einem wichtigen Gewerbe im Oberland. Bei Wolfratshausen passierten anno 1864 stattliche 5.840 Flöße den Floßkanal, später waren es noch um 4.000. Regelmäßig gingen Transportflöße den Fluss hinab nach München, aber

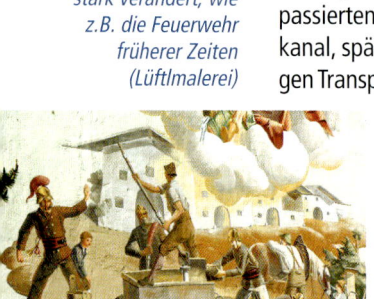

auch weiter bis zur Donau und nach Wien. In München wurden die Stämme der Flöße verkauft (heutige Gaudi-Flöße zerlegt man, transportiert die Stämme zurück nach Wolfratshausen und nutzt sie dann aufs Neue).

Ein bedeutender Handelsort neben Mittenwald war Tölz. Hier kreuzten sich zwei bedeutende Handelswege und brachten gewissen Wohlstand: Die Salzstraße in Ost-

Herrn **Johann Enzer**
Wasser-Aufseher
am 9. Jan. 1869, verunglückt durch
Ertrinken am 22. März 1906

Welche Bedrohung: Sogar Wasser-Aufseher sind einst in reißender Isar ertrunken.

Rechts: Kommerzielle Flößerei war bis ins 20.Jahrhundert ein wichtiges Gewerbe in den Gebirgsorten.

Wallgau: Nach dem Verfall der römischen Herrschaft, 5 bis 600 nach Christi wurde die Gegend vom germanischen Stamm der Bajuwaren besiedelt. Bereits 763 wird Wallgau urkundlich erwähnt. Die Isarflösserei, wasserroll, bei der Waren über München und Wien nach Budapest gebracht wurden, war Haupterwerb der Bewohner. Wallgau, an der alten Pilgerstrasse über den Kesselberg war stets eine beliebte Rast. So auch für den deutschen Dichterfürst Johann Wolfgang v. Goethe auf seiner Italienreise

West-Richtung vor den Bergen und die Süd-Nord ver-laufende Isar. Da muss es oft heiß hergegangen sein, denn zeitweise gab es mehr als ein Dutzend **Braue-reien**! Viel später machten Heilwässerchen Tölz zum Bad und die Bierbrauer mussten sich nach etwas Neu-em umschauen; Wandel hat es also schon immer ge-geben, nur nicht so schnell wie heute.

Auch Grünwald mit seiner Zollstation hat der Flößerei viel zu verdanken; beide Orte haben ihr daher jüngst Denkmäler gesetzt.

Etwas Besonderes war im Oberen Isartal etwa der **Geigenbau** in Mittenwald und die längst eingestell-te **Pechstein-Gewinnung** bei Wallgau/Krün.

So wichtig die Isar für die Orte am Fluss war, so grim-mig konnte sie bei Hochwasser zuschlagen und zer-störerisch wirken. Nach der Schneeschmelze im Früh-sommer erreichte die Isar ihren höchsten Stand, und nach starkem Regen schwoll sie zum gelbbraunen Raub-tier an, das Uferböschungen fraß und ganze Ortsteile.

Es wird damals wohl nur wenige Isar-Anrainer gege-ben haben, die den Fluss wirklich liebten. Die meisten siedelten so weit wie möglich von ihm entfernt oder hoch über ihm, was auf alten Stichen und Karten gut zu erkennen ist.

Dann kam alles ganz schnell. Die Stromwirtschaft veränderte das Bild buchstäblich! Erste Kraftwer-ke samt ihren Wehren entstanden schon Ende des 19. Jahrhunderts (z. B. 1894 Höllriegelskreuth). Was-ser wurde ab ca. 1920 von Krün zum Walchensee abgeleitet und der Fluss vielerorts zugleich begradigt,

Zu Ehren der Flößer-Tradition wurden in Tölz, Grünwald (oben) und München-Thalkir-chen Statuen errichtet (unten am Abzweig zur Floßlände)

Eins der größten Flöße Europas
(Foto: Lenggries)

Bis Mitte des 20. Jahrhunderts strömte die Isar ungebändigt durch den Durchbruch beim Sylvenstein.

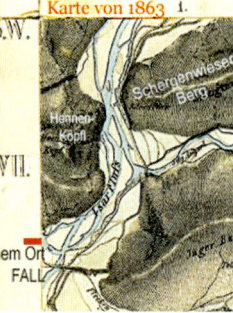

Karte von 1863

in ein Korsett gepresst. Sofort war es um die kommerzielle Flößerei an der Oberen Isar geschehen, denn es blieb dafür nicht mehr genug Wasser „unterm Kiel".

Dem Bau des Sylvenstein-Speichersees Ende der 1950er-Jahre fiel sogar ein ganzer Ort zum Opfer: Das alte Fall östlich der neuen Brücke wurde allmählich überflutet. Den meisten (aber nicht allen!) Bewohnern wurde neue Bleibe im etwas synthetisch wirkenden, aber wohl komfortableren neuen Ort Fall (östlich der B 307) zur Verfügung gestellt.

EINST LITTEN DIE MENSCHEN UNTER DEM FLUSS ...

Positiv wirkte sich der Isar-Ausbau auf die Hochwasser-Situation aus. Dank Sylvensteinspeicher können die Hochwasser-Spitzen (meistens) zurückgehalten und der Fluss in trockenen Zeiten wie sogar im trockenen superheißen 2003 „am Laufen gehalten" werden.

Die Isar kann nicht mehr so leicht aus ihrem Bett, die Gefahren für Leib und Leben der Anwohner reduzierten sich. Gleichzeitig wurde die Siedlungsfläche stark ausgeweitet.

Siehe z. B. Mittenwald. Das Zentrum der Marktgemeinde lag jahrhundertelang weit vom Fluss entfernt, ein breiter Streifen zwischen Isar und Ort blieb jahrhundertelang Brache. Heute berührt das Weichbild des Städtchens die Ufer der begradigten Isar (Tour 2).

Negativ: Der vielfach gehemmte oder auch streckenweise nahezu trockengelegte Fluss veränderte sich samt Flora und Fauna. Der Mangel an Kies-Geschiebe ver-

Unten links
Jux am Isar-Ufer:
Vielerorts zu findender Ton verwandelt sich in Masken, Brüste ...

Unten rechts
Lüftl-Malereien (hier in Wallgau) erinnern an längst ausgestorbene Gewerbe.

minderte die Fluss-Dynamik, z. B. das natürliche Aufschütten neuer Kiesbänke. Ältere wurden nicht mehr oder nicht mehr oft freigespült, Vegetation machte sich breit. Außerdem grub sich die Isar immer tiefer ein (gut zu erkennen z. B. am Einfluss des Loisach-Isar-Kanals östlich von Wolfratshausen, der einst etwa niveaugleich war mit dem Isarbett (siehe Abb. in Tour 6).

An schönen Tagen ist der „Druck" der Freizeitgesellschaft auf den attraktiven Fluss sehr hoch.

... HEUTE LEIDET DER FLUSS UNTER DEN MENSCHEN

Sehr starke Veränderungen verursachte dann der Ausbau der Verkehrswege zu Lande. Die „Brummis der Flüsse", die Transport-Flöße, verloren vollends ihre Bedeutung. Einer der letzten kommerziellen Flöße (Floß war bairisch-maskulin wie *der* Radio, *der* Kartoffel und andere Substantive!) verließ München im Jahre 1904 mit einem 6-Meter-Kupferdeckel für eine Wiener Braupfanne. Bahn oder Fuhrwerk hätten das Mords-Trumm niemals transportieren können.

Zu bairisch oder bayerisch siehe Seite 194

An die Stelle der Transportflöße traten später die „Gaudi-Flöße" mit Musik und Bier von Wolfratshausen und durch den Isarkanal zur Floßlände nach München

Bei alten Wehren sind noch Floßgassen in der „freien Isar" erkennbar, die schon lange nicht mehr benutzt werden, etwa bei Großhesselohe und an der Marienklause. Berühmt ist die längste Floßgasse Europas beim Kraftwerk Mühlthal (Tour 9).

Einst eher isolierte Orte wurden an das Straßennetz angeschlossen, der Lebensstandard erhöhte sich. Mit den besseren Verkehrsanbindungen konnte der Tourismus aufblühen (wenn auch wochenendliches Verkehrs-Chaos durch Ausflügler-Massen bisweilen zu schaffen macht). Viele Orte sind derart stark abhängig vom Fremdenverkehr und den daraus sprudelnden Geldquellen, dass Konjunkturflauten heftig durchschlagen, z.B. in Bad Tölz mit seinen vielen Gasthöfen, Sanatorien und Erholungs-Einrichtungen.

Die Besucherströme, die an schönen Wochenenden und in der Ferienzeit am Isarufer einfallen, sind für die Fluss-Natur eine arge Belastung: Trampelpfade, Verunreinigungen, Müll, menschliche Hinterlassenschaften, die die Vegetation verändern, Störung der Tierwelt usw. Durch die Schaffung von Landschafts- und Naturschutzgebieten samt ihren „ordnenden Maßnahmen" wird der Druck halbwegs entschärft (siehe S. 106/107).

Unterm Strich haben die Bewohner des Isartals von den raschen Entwicklungen der letzten Jahrzehnte eher profitiert. Mit gestiegenem Wohlstand verbesserte sich die Infrastruktur. Manche Dörfer verwandelten sich in gesichtslose Kleinstädte mit den üblichen Gewerbehallen und Supermärkten. Im Gegenzug verschwanden aber ländliche Gewerbezweige, die gegen die industrielle Konkurrenz aus den Ballungsgebieten plötzlich nicht mehr rentabel waren; etwa Schmiede, Müller, kleinere Bierbrauereien (s. o.).

Die ökologischen Nachteile der genannten Veränderungen am Fluss sind für den Normalverbraucher kaum spürbar. Zudem wird durch die aktuelle *Renaturierung* (siehe Tour 9 bis 11) so weit wie möglich auf ein zumindest naturnäheres Bild hingearbeitet.

Die „wilden" Zustände eines Naturflusses mit ihren Vor- und Nachteilen kann und will wohl niemand ernsthaft wiederherstellen.

„Schneefresser" und „Regenfänger"

KLIMA + WETTER AN DER ISAR

Ganz grob lässt sich die Klima-/Wettersituation zwischen dem Alpenvorland und den Bergen zweiteilen. Die Unterschiede sind beträchtlich und sehr augenfällig.

Das Vorland mit seinen Höhen zwischen 500 und knapp 700 Metern überm Meeresspiegel ist vergleichsweise eher trocken. Niederschlagsmenge z. B. in München 800 bis 900 mm pro Jahr. Wegen der Höhenlage (die vielen Kammlagen der deutschen Mittelgebirge entspricht) sind die Durchschnittstemperaturen wohl niedriger als im Westen Deutschlands. Es gibt jedoch viele sehr warme Sommertage. Auch der warme Föhn-Fallwind (s. u.) wirkt sich auf die Temperaturen positiv aus.

Die Alpen sind deutlich niederschlagsreicher als das Vorland (z.B. Garmisch 1300 mm pro Jahr). Es kann vorkommen, dass Gebiete 20 km vor der Bergkette unter tief hängenden Wolken trocken bleiben (oder gar Sonnenschein verzeichnen), während es im Bergland kräftig regnet. Die Berge wirken als „Regenfänger": Wolken der feuchten Westwetterlagen schieben sich an die Alpen, stauen sich dort und regnen ab. Alpen-Orte können daher ein Drittel mehr Niederschlag abbekommen als Orte im Vorland. Das zu wissen ist auch wichtig für die outdoor-Tourenplanung bei nicht ganz sicherem Wetter!

Auch das Gewitter-Risiko ist in bergigen Zonen größer als im Flachland. Problematisch dabei, dass man in engen Alpentälern und auch in einigen Bereichen des Oberen Isartals das Aufziehen der Unwetter nicht so drastisch mitkriegt und entsprechend (bzw. erst sehr spät) reagieren kann (siehe *Gefahren* im Praxisteil).

**Kopfweh-Verursacher
und optimale Ausrede:**

DER FÖHN

Der laue, trockene Fallwind Föhn aus Oberitalien ist ein heißes Thema, nicht nur in Oberbayern. In einer an-

Typische Föhn-Lage:

Schlechtwetter über Norditalien, klare, erwärmte Luft, oft heftiger Wind und zarter weiß-blauer Himmel nördlich des Alpen-Hauptkamms.

Das Karwendel-Gebirge und die Vorberge wirken schon knapp südlich von München zum Greifen nahe.

Vorsicht bei Touren zu Wasser und zu Lande: Föhn kann schnell zusammenbrechen und Regen zieht auf!

sonsten sehr positiven Besprechung der Erst-Auflage wurde das Föhn-Kapitel als typisch bayerisches Blabla abgekanzelt. Dabei ist Föhn-Kenntnis u.U. für eine Tour nicht unwichtig.

"Föhn" leitet sich ab vom Lateinischen „fovere" = wärmen. Seine hohen Temperaturen und die leichte prickelnde „Champagner-Luft" lassen den einen aufleben, den anderen in Kummer, Lustlosigkeit, Gereiztheit und ähnlichem Unwohlbefindens-Chaos versinken. Damit kann er als Ausrede für alles dienen und ist ein beliebtes Thema in der Münchener Lokalpresse.

Manchmal kann man den Föhn (und damit seine Entstehung und Entwicklung) auf der Rückfahrt von einer Italienreise beobachten. Warmer, oft schwüler Südwind pustet durchs Etschtal auf die Alpen zu. Im nördlichen Südtirol ist es bedeckt, bald beginnt es kräftig zu regnen. Dazu windet es heftig. Aber am Brenner reißen die Wolken plötzlich auf, Dampffetzen jagen über die Berge und lösen sich beim Fallen ins Inntal hin buchstäblich in Wohlgefallen auf. Der Wind bleibt stark aus südlicher Richtung, und schon 10 km weiter nördlich ist von Wolken fast nichts mehr zu sehen außer den hübschen schleierigen Föhnwölkchen. Die düstere Bewölkung am Alpen-Hauptkamm heißt „Föhnmauer" und ist meist vom Alpenvorland erkennbar. Die durch das Fallen trocken-geriebene Luft ist wunderbar klar, die Berge scheinen zum Greifen nah vor München zu liegen.

Der warme Fallwind wird durch die Föhn-Täler nordwärts getrieben und reicht bei starkem Föhn bis über den Raum München hinaus. Die Intensität ist sehr unterschiedlich, manchmal spürt man ihn nur bis knapp über den Alpenrand.

Im Winter ist der Föhn offenbar häufiger als im Sommer (wo er oft mit „normalen" Schönwetterlagen verwechselt wird). Der starke Temperaturanstieg – oft bis 15 Grad! – macht ihn zum „Schneefresser". Durchaus möglich, dass er in ein bis zwei Tagen fast einen Meter Schnee wegtauen kann.

Die Föhn-Entwicklung ist natürlich keine Einbahnstraße: Schlechtwetter überm Isartal kann an der Alpensüdseite zu „Süd-Föhn" führen.

> **Wer es genauer wissen will:** Feuchte Luftmassen werden aus dem Süden angesaugt, kühlen sich beim Aufsteigen ab (ca. 0,6°C pro 100 Höhenmeter), kondensieren dabei und regnen ab. Die dadurch schon relativ trockene Luft fällt nördlich der Bergkette zu Tale, erwärmt sich dabei um etwa 1° pro 100 Höhenmeter und wird durch die Reibung weiter aufgeheizt. Dabei sinkt die relative Luftfeuchtigkeit, die Luft wird angenehm trocken. Aber es kann auch sehr schnell damit zu Ende gehen und dann ist womöglich Regen angesagt!!

Straßen, Rad- und Wanderwege

UNTERWEGS ...

Wichtigster **Verkehrsträger** im Isartal ist natürlich

1. DER FLUSS

Historisch gesehen war er mangels passabler Wege lange Zeit sogar der einzige (siehe oben). Handelsware aus den Gebieten südlich der Alpen sowie Bauholz aus den Bergwäldern wurden auf der schnellen Isar (isara = die Rasche) ins Alpenvorland transportiert, nach München, hinab zur Donau und weiter bis nach Wien. Schneller als mit dem Roß!

Heute wird die Isar bis München nahezu durchgehend für Wasserwanderungen mit Kanus oder Schlauchbooten genutzt. Optimal für erfahrene Wildwasser-Freaks vom Hinterautal bis über Mittenwald hinaus (II bis WW-Stufe III). Dann recht einfach vom Sylvensteinspeicher bis zur Pupplinger Au/Aumühle (WW I bis II). Der Bereich bis München ist zwar wegen der Nähe zur Landeshauptstadt und der damit verbundenen kurzen Anreise bei Münchenern ebenfalls sehr beliebt, erfordert jedoch einige lästige Umtragungen und bisweilen langsam-langweilige Fahrt im Kanal. Seit etwa 2000 an den Wehren erhöhte sog. *Restwassermengen* machen die „freie Isar" wieder zur besseren Alternative zum Werkskanal (mehr dazu im Touren-Teil). WW I

Der Zustand des Wasserwanderwegs ändert sich permanent. Bei jedem Hochwasser kommt es zu Verschiebungen und Verlagerungen. Vor allem im Bereich der Tour 6 (Geretsried-Wolfratshausen) ist diese stete Veränderung alljährlich nach der Schneeschmelze Anlass zum Staunen; sogar der Haupt-Flussarm ist oft verändert. <u>Daher ist es unmöglich, Gefahrenstellen zu benennen,</u> zumal die Wasser-Kraft auch große Felsbrocken bewegen kann.

Die Isar als Wasser-Wanderweg.

Die guten alten Transport-Flöße feiern Wiederauferstehung auf kommerziellen Floßtouren ab Wolfratshausen. Im Unterschied zu früher, wo die verwendeten

Baumstämme ebenfalls Handelsgut waren und verkauft wurden, werden die Stämme heute auf Lkws wieder zu den beiden Startpunkten Wolfratshausen/Loisach bzw. Marienbrücke zurückgekarrt und erneut zum Floß zusammengefügt.

2. STRASSEN BIS MÜNCHEN

Eine durchgehende „Isar-Uferstraße" gibt es nicht, was vielleicht ganz gut ist! Aber auch erstaunlich.

B2 nördlich der Bundesgrenze Richtung Mittenwald. Links der Isar der wunderbare Isar-Radweg abseits des Autoverkehrs.

Die den Fluss in unmittelbarer Nähe (mit voller Sicht auf die Isar) begleitenden Straßen-Kilometer bis München kann man wohl an den Fingern zweier Hände abzählen. Ein Grund könnte sein, dass man die Trassen aus dem Hochwasserbereich fern halten wollte. An den isarnahen Abschnitten der Schnellstraße bei Lenggries zeigt sich, welch aufwendige Schutzbefestigungen gegen tobendes Wasser nötig sind.

An der österreichisch-deutschen Grenze bei Scharnitz geht's gleich mit dem größten Straßen-„Kaliber" los: Europastraße E533 (Bundesstraße B2), für wenige Kilometer auf dem rechten Ufer parallel zur Isar, aber durch einen Auwaldstreifen getrennt. Viele vom Inntal Richtung Garmisch Fahrende dürften nicht merken, dass sie hier an der Oberen Isar unterwegs sind.

Die E6 umgeht Mittenwald auf hochmoderner Trasse am Karwendelfuß und schwenkt nach dreimaligem Überqueren der Isar gen Westen ab. Wir wechseln auf die B11 Krün – Wallgau, 500 bis 1.000 m vom Fluss entfernt durch lichten Wald, dann vorbei an malerischen Wiesen und durch die beiden hübschen Orte. In den 80ern war Ausbau der breiten Fernstraße bis Vorderriss geplant. Das wurde zum Glück storniert.

Totaler Kontrast: Links der Forstweg, rechts die breite B307, die beinahe übers Obere Isartal zur Mega-Kreuzung bei Krün verlängert worden wäre...

Östlich von Wallgau folgt eine Besonderheit: Die mautpflichtige, schmale und schöne Forststraße als *Deutsche Alpenstraße* ostwärts nach Vorderriß, 5 Euro teuer, wofür die Forstverwaltung immerhin Parkplätze bereithält. Voller Ausblick auf die relativ nahe Isar nur an einigen wenigen Punkten (Abb. re. oben). Tipp: Dies Sträßchen mal nachts befahren; es wirkt im Lichtkegel wegen der nahen Bäume wie ein Dom.

Deutsche Alpenstraße

Von Vorderriß bis Sylvenstein wieder jäher Wechsel: die breit dimensionierte B307, ebenfalls Teil der „Deutschen Alpenstraße". Optisches Highlight: die elegante Brücke über den Stausee.

Obwohl auch die B13 nach Bad Tölz dem Isarlauf folgt, kann man sie nicht als Panoramastraße bezeichnen. Als Schnellstraße touchiert sie die dahinkurvende Isar nur an einigen Flussschlingen. – Auf der linksufrig verlaufenden Staatsstraße ist man übrigens auch nicht besser dran, allerdings ist hier mit weniger Verkehr zu rechnen als auf der Hauptader durch den Isarwinkel.

Nördlich von Tölz wird's dann zappenduster in puncto neue Isar-Straßen: Staatsstraße St 2072 meist weit abgeschlagen (außer bei Mühlwastl und Einöd). Ab Ascholding St 2073 mit kurzem Ausblick vom Ascholdinger Hügel (unterwegs 2 Wanderparkplätze und einer bei Puppling). – Linksufrige Alternative: die B11 via Königsdorf/Geretsried nach Wolfratshausen - isarfern!

Puppling-Schäftlarn: Kfz-gesperrte Kanal-Werksstraße und ein inzwischen asphaltierter, wunderschöner Forstweg durch die Pupplinger Au (für Kfz verboten lediglich an Wochenenden und Feiertagen. Radler- und Skater-Revier). Zuletzt Teer-Sträßchen Aumühle-Schäftlarn.

Von Schäftlarn bis Großhesselohe/München isarnah nur noch Rad- und Fußwege sowie Trampelpfade. Alternativen abseits vom Fluss: Die Straße mit dem uns nun schon bekannten Kürzel B11 via Hohenschaftlarn nach Pullach und München (Solln/Thalkirchen).

Auf dem rechten Ufer führt die St 2072 via Straßlach und Grünwald nach München (Harlaching/Giesing). Beide Routen verlaufen fern der Isar auf der Hochfläche.

Vielerorts gibt es 2 bis 5 parallele Wege: auf beiden Hochufern, li.- und re.-ufrig im Tag und oft noch auf dem Damm zwischen Isar und Kanal (s. Luftbild S.155).

Zweimal Forst-straßen: Romantisch verschneites Maut-Sträßchen Vorderriss-Wallgau (zugleich offizieller Isar-Radweg)

Schönes Forststräßchen durch die sommerliche Pupplinger Au mit ihren Föhrenwald.

3. ISAR-RAD- ODER WANDERWEG

Was für die Straße gilt, lässt sich auf die Rad- und Wander-Routen übertragen. Durchgehend flussnahe Wege dürfen Sie nicht überall erwarten, bislang nicht einmal immer durchgehende Markierungen. Offiziell beginnt der *Isar-Radweg* bei Sylvenstein/Lenggries („Bayern-

*Für Kfz gesperrte
Nebenstrecken sind
für Radler ideal.
Hier z.B. von der
Brücke nördl. des
Sylvensteinsees
nach Höfen in der
Jachenau, Alternative
zum Isarradweg
überm rechten Ufer.*

*Einige Bereiche der
Isarufer sind von
Wegen durchzogen (be-
sonders in der
Nähe von Straßen),
andere sind nahezu
pfadlos (linkes Ufer).*

*Bisweilen ist die Isar selbst der Weg,
nicht nur für Bootsfahrer, auch für
Wanderer beim Durchwaten ...*
*Wichtig: GEGEN den Strom gehen und gute
Schuhe tragen: Solide(!) Trekking-Sandalen.*

netz für Radler", Info: www.bayerninfo.de), de facto natürlich beim Radler-Dorado Mittenwald.

Auch der Wegezustand ist höchst unterschiedlich: Es wird alles geboten, von perfekt befestigten und beschilderten Radsträßchen bis hin zu holprigen Wegen. Generell ist der *Isar-Radweg* ordentlich familienfreundlich ausgebaut und beschildert. Im Bereich Bad Tölz - Wolfratshausen jedoch oft weitab vom Fluß.

Streckenweise müssen Straßen benutzt werden (besonders im Isarwinkel). Für Leute mit guten Karten (s. topo-Atlas) führen Trampelpfade durch den Auwald, neudeutsch von den Bikern *Single Tracks* genannt. Die Hauptroute ist in unseren Tourenkarten nach der Start-Info-Seite orange markiert.

Vor allem im *Naturschutzgebiet Isarauen* mit seinem strengen Veränderungsverbot wird es wohl nie zu einem regulären Radweg kommen. Das hat den Vorteil, dass die Radtour und Wanderungen längs der Isar etwas abenteuerlicher bleiben.

Ruhiges, bei Trockenheit ziemlich staubiges Forststräßchen im Hinterautal (Tour 1).

Ideale Fahrt-Richtung für Radtouren: Immer möglichst von Süden nach Norden, mit dem Gefälle.

IDEALE WEG-ABSCHNITTE

Tour 1 (Hinterautal). Überwiegend Schotterweg, Kfz-frei. Nach Erreichen der Gleirschhöhe nicht mal besonders ausgeprägte Steigungen in diesem Hochgebirgstal.

Tour 2 eher für Wanderer und Radler

Tour 3 für Radler bis Vorderriß auf der Mautstraße, jedoch wegen dichteren Wochenendverkehrs nur an Werktagen! Rechtsufrige Alternative! – Ideal für Trekking: das Isarbett von Wallgau bis Vorderriß.

Tour 6 für Wanderer, auf schmalen Wegen

Tour 7 und 8 für Wanderer und Radler

Tour 9, 11 (München) und 12: Spitze für Radler

4. EISENBAHN

Eine historische Reminiszenz ist die „Isart(h)albahn", eine Bahnlinie in Isarnähe. Sie startete in Thalkirchen, verlief via Maria-Einsiedel hinauf zur Prinz Ludwigshöhe (km 5) und nach Baierbrunn

Einsamer herbstlicher Wanderweg am Isar-Hochufer bei Icking.

Sehr naturnah: Knüppel-Brücke über ein stilles Altwasser nahe der Isar.

(km 14). Von hier bis Wolfratshausen (km 27) identisch mit der heutigen Bahnlinie. Interessant ist jedoch die längst nicht mehr existierende Fortsetzung: Die Trasse führte von Wolfratshausen nach Degerndorf (km 29) und via Eurasburg im Loisachtal bis Bichl (km 51). Begonnen anno 1890, erwies sich die Linie als nicht rentabel und wurde 1964 eingestellt. Fahrzeit bis Bichl mit Dampflokomotiven der Jahrhundertwende: 2 Stunden!

Teile der alten Trasse hat man jüngst zu einem *Radweg* umfunktioniert (von Thalkirchen südwärts Richtung Prinz-Luwigshöhe).

Wolfratshausen erreicht man bequem mit der S-Bahn, Mittenwald, Scharnitz als Ausgangspunkt für unsere Touren 1 und 2 mit der Deutschen Bahn. - Gut angebunden ist auch Lenggries mit der BOB. Bahn-Auskünfte siehe Anhang

Die Bahn ist für Wanderer und Radler (evtl. auch für Schlauchbootfahrer) oft geeigneter als das eigene Auto. Ideal: DB IC-Strecke München-Garmisch-Mittenwald. Oder mit der BOB nach Lenggries. Oder mit der S-Bahn nach Wolfratshausen...

"Graue Straßen-Vorzeit" noch vor 115 Jahren

In historischem Material fallen immer wieder Klagen auf über grausam schlechte Verkehrsverbindungen im Oberland, bis weit ins letzte Jahrhundert. Zwar gab es schon seit Römer-Zeiten eine relativ gut ausgebaute Handelsstraße bei Scharnitz-Mittenwald, aber die begleitete das Obere Isartal nur ein paar Kilometer, um dann nach *Parthanum* (Partenkirchen) abzuknicken. Statt einer Straße war der Fluss lange Verkehrsträger Nr.1 (siehe S. 40ff).

Weiter wichtige Routen waren die *Salzstraßen*, die München und Tölz in Ost-West-Richtung querten. Doch auch die erschlossen weniger die Region zwischen München und den Alpen.

Auf der Karte von 1896 sieht man einen Ausschnitt Bayerns mit miserabler Infrastruktur rund um dörflich geprägte Orte.

Markante *Magistrale* war das Teilstück der *Isart(h)albahn* von Thalkirchen bis Wolfratshausen, später über Eurasburg bis Bichl verlängert (siehe linke Seite). Eine weitere Bahn führt von Osten zum Markt Tölz. Ansonsten gab es vor 1900 einige *Poststraßen*: Von München abseits des rechten Isarufers südwärts bis etwa Deining. Eine linksufrige Verbindung von Tölz nordwestwärts nach Königsdorf.

In der Wildnis des eigentlichen Isartals verlief die damals erbärmliche Poststraße von Tölz südwärts über das bis in die 1950er-Jahre existierende Dorf Fall nach Vorder-Riss. Die Lage des heutigen Sylvenstein-Stausees haben wir angedeutet. Dieses Sträßchen war weniger fürs Volk gedacht, als fürs bairische Königshaus: Am Riss-Tal lag das herrschaftliche Jagdschloss. Zwischen Vorder-Riss und dem Talbecken um Wallgau-Krün(n) gab es keinerlei Verkehrsverbindung! Auch heute noch wird die einst groß geplante *Deutsche Alpenstraße* im Isartal (zum Glück!) zum mautpflichtigen Forststräßchen (Tour 3).

Interessant noch der dubios verzeichnete *Isar-Ursprung* im Hinterau-Thal östlich von Scharnitz (zwei blaue Punkte nachträglich eingesetzt). Hier ist die nördliche Quelle fälschlich hoch ins Gebirge verlegt, an die Sonnen-Spitze. Siehe Tour 1.

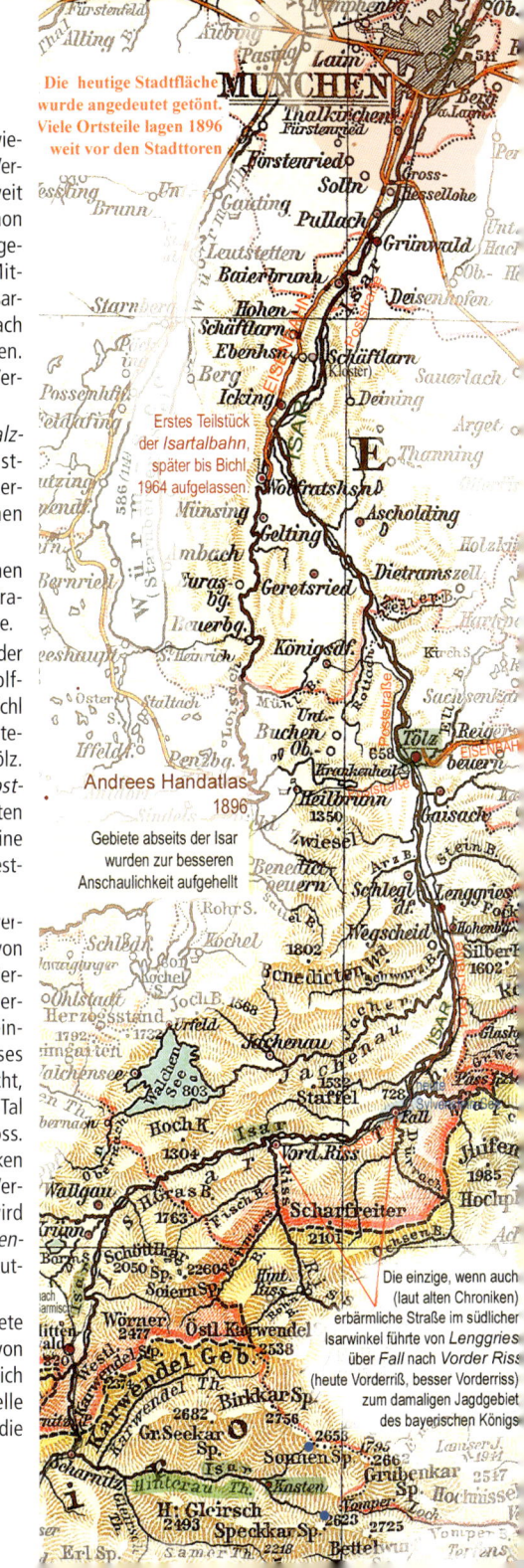

Die heutige Stadtfläche wurde angedeutet getönt. Viele Ortsteile lagen 1896 weit vor den Stadttoren

Erstes Teilstück der *Isartalbahn*, später bis Bichl 1964 aufgelassen.

Andrees Handatlas 1896

Gebiete abseits der Isar wurden zur besseren Anschaulichkeit aufgehellt

Die einzige, wenn auch (laut alten Chroniken) erbärmliche Straße im südlichen Isarwinkel führte von *Lenggries* über *Fall* nach *Vorder Riss* (heute Vorderriß, besser Vorderriss) zum damaligen Jagdgebiet des bayerischen Königs

Begriffe, die im Bereich der Isar zwischen Alpen und München häufig vorkommen und vielleicht nicht allgemein bekannt sind. Ferner geographische Termini sowie für Anfänger solche aus dem Kanu-Bereich.

Baumfalle | Bei Hochwasser angespülte Bäume und Äste. Bei Bootstouren gefährlich, da oft starke Strömung unter dem Baumverhau (siehe Praxisteil). Außerdem spitzes, gebrochenes Astwerk, das Schlauchboote beschädigen kann.

Findling | Große Felsbrocken, die einst im Gletschereis aus den Bergen Hunderte km ins Vorland transportiert und dann als „Fremdkörper" auf der Schotterebene abgelagert wurden (an der Isar besonders in Tour 6, Steingarten).

Fluß-km (auch Tal-km) | Kilometermessung ab Mündung rückwärts, Abkürzung Fkm oder km. Schilder in Flussnähe (einige weggespült).

Floßgasse | Wasserrutsche für die Flöße an Wehren. Dürfen von Booten meist nicht benutzt werden. Besonders interessant: Europas längste Floßgasse beim Kraftwerk Mühlthal (Tour 9).

Geschiebe | Kies, Geröll, das vom Fluss aus den Bergen ins Vorland und auf die Schotterebene transportiert wird.

Gleithang | Flaches inneres Ufer einer Flusskurve. Hier ist die Strömung geringer und mitgeführtes Gestein lagert sich ab zu Kiesbänken (Gegenstück siehe Prallhang).

Gries | Bezeichnung für Kiesbänke

Hochleger | Hochalm in den Bergen

Kehrwasser (ähnlich wie Wirbel) **|** Drehende Strömung an Hindernissen.

Nagelfluh | Gestein aus verdichtetem, versintertem Schotter (*Konglomerat*).

Prallhang | Steiles äußeres Ufer einer Flusskurve. Die Strömung greift diesen Hang an und verändert ihn permanent. Für Kajakfahrer u. U. problematisch.

Presswasser | von unten mit hohem Druck wie ein „Polster" herauf quellendes Wasser, riskant vor allem durch den Überraschungseffekt. An der Isar selten, aber vorhanden!

Schwall | Niedriger Wasserfall, Stromschnelle, bisweilen spritzig befahrbar.

Schwierigkeitsgrad | Klassifizierung von Gewässern. Siehe Praxisteil.

Sohlstufe, Sohlrampe | Künstliche, quer zur Strömung verlaufende Barrieren, die das Vertiefen des Flusses in die *Sohle* verhindern sollen. In renaturierten Abschnitten heute naturnahe, sog. "raue" Steinrampen statt Beton-Stufen.

Terrasse | Ein Fluss schneidet sich im Lauf der Zeit in die Erdschicht ein; die alten, höher gelegenen Ufer bleiben oft als Geländestufen = „Terrassen" erkennbar. An einigen Ufern sind einstige Ausschwemmungen an den T.-Kanten erkennbar (z. B. Tour 9, Baierbrunn).

Treideln | Das Boot wird an seichten oder sehr gefährlichen Stellen vom Ufer aus mit der Bootsleine geführt (ohne Insassen).

Umtragen | An Staudämmen oder Gefahrenstellen muss das Boot aus dem Wasser geholt und per Hand, mit eigenem bzw. bereitgestelltem Bootswagen oder auf speziellen Vorrichtungen (z. B. Rollenbahn) transportiert und flussab wieder eingesetzt werden.

Wehr | Ein kleinerer Staudamm in verschiedenen Formen, seltener von Wasser überronnen. Für Kanuten (besonders für Anfänger) in fast allen Fällen nicht befahrbar, da sich unterhalb oft eine rauschende Wasserwalze bildet mit starkem Rücklauf (erkennbar an Treibgut, das immer wieder „angesaugt" wird. Gefährlich!

Weißwasser | Bezeichnung für schäumendes Wildwasser (an der Isar hauptsächlich in unserer Tour 1 zu erleben). Für Anfänger nicht befahrbar.

Idyllische Obere Isar im Wallgauer Becken mit Arnspitze im Süden (unsere Tour 2).

Ein Zweier-Kajak nimmt bei Solo-Tour viel Gepäck auf und fährt sich prima: „Länge läuft!"

Wir haben die Isar so „griffig" wie möglich in **13 Touren-Abschnitte** für Radler, Wanderer und Boots-Fahrer unterteilt, von der Quelle über München bis zur Mündung in die Donau. Die Segmente sind jeweils als erlebnisreiche Halbtages- oder Tagestour von 8 bis 15 km machbar, wobei sich mehrere Touren natürlich zusammenlegen lassen.

Tour 1 ist wegen der Länge für Wanderer sehr mühsam und wegen der Wildwasserschwierigkeiten für Kanuten-Anfänger problematisch, desgleichen Tour 2 und 3 für Bootsfahrer. Für Radler sind sie o.k.

Alle anderen Touren sind je nach Wegewahl (bzw. Wasserstand bei Bootstouren) leicht bis mittelschwer. Die **farbigen Balken** auf dem oberen Seitenrand kennzeichnen hier nicht den Schwierigkeitsgrad, sondern sollen die Etappen in 5er-Schritten optisch gliedern: 1, 6 und 11 rot, 2, 7 und 12 blau, 3, 8 und 13 grün, 4 und 9 orange, 5 und 10 gelb.

Exkurse sind dunkelgrün markiert.

Die wichtigsten Informationen samt Lage-Karte der Tour finden Sie in den **Vorspann-Kästen** der Touren. Streckenkarten jeweils auf der zweiten Touren-Seite. Als neue Zugabe detaillierte **topographische Isar-Karten** am Buch-Ende für individuelle Planung und für unterwegs.

Gesamt-Übersichtskarte auf Seite 23 sowie zum schnelleren Zugriff in der hinteren Umschlag-Klappe.

ISAR - TOUREN

Der echten Isarquelle auf der Spur

SCHARNITZ
HINTERAUTAL
BIS ZUM
ISAR-URSPRUNG
(2 x 14 km)

0 5 10 14 15 20 25

Gefälle: ca. 1.162 bis 960 m = ca. 202 m

Allgemein: „Oberste Isar", von uns zur Abgrenzung zur *Oberen Isar* so genannt. Vom alpinen Landschafts-Eindruck her eindeutig der interessanteste, aufregendste und naturnächste Abschnitt des Flusses.

Ausgangspunkt: Scharnitz (in der Regel der kostenpflichtige Großparkplatz am östlichen Ortsrand, direkt an der Isar).

Zielpunkt: *Kasten-Alm* (zeitweise bewirtschaftet); zurück nach Scharnitz

Entfernung: zweimal 14 Kilometer

Empfohlene Karte: Topogr. Karte „Karwendel" 1 : 50.000. **In unserem topo-**

Atlas Karte 1, S.217. Kompass-Karte Nr. 26 Karwendelgebirge 1 : 50.000.

Touren-Charakter: Lang, mühsam. Ideal für MTB, Trekking-Rad. Gute Kondition notwendig. Auf dem Fluss nur für Versierte!

Wege: Für allgemeinen Kfz-Verkehr gesperrte Teer-, dann Schotterstraße. Anfangs streckenweise recht steil, später relativ eben! Bei Trockenheit staubig!

Höhenunterschied: Scharnitz (964 m) bis *Kasten-Alm* (1.220 m): knapp 260 m, teilweise auch relativ eben.

Isar-Gefälle ab Ursprung: 202 m (auf 13 km ca. 15 Promille) WW II-III+!

Exkurse: Wanderung (oder anstrengende MTB-Tour) von der Kastenalm hinauf zum Halleranger (DAV-Hütte und aussichtsreiche Halleranger Alm). In der Nähe die kalte Quelle des Lafatscherbachs (wird auch oft als Isarquelle bezeichnet). Tipp: Neuer Weg in die Gleirsch-Klamm

Stützpunkte: Scharnitz (im „Brunnerhof" gute Isar-Infos). Kastenalm (Jausenstation). Wiesenhof, Halleranger Alm.

Camp: Westl. Scharnitz, Richtg Seefeld.

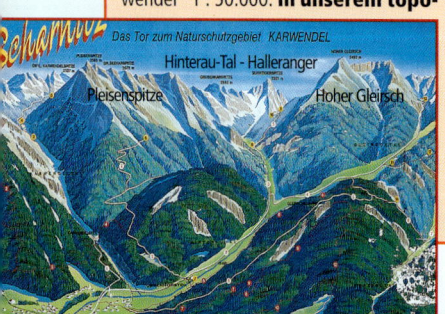

Blickrichtung Ost: Scharnitz-Becken mit Karwendel und Hinterautal.

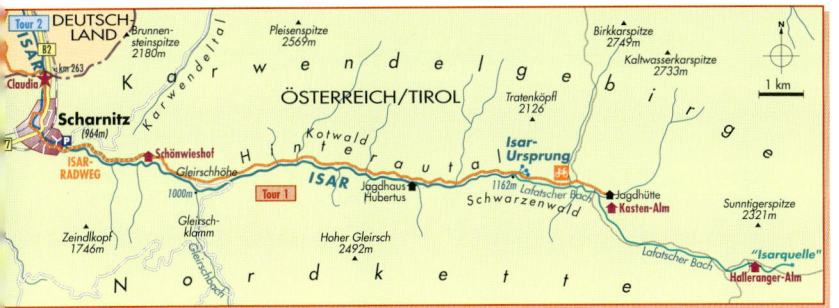

Da wohl nur wenige mit dem Fallschirm vom Himmel fallen und die Isar dann vom Isar-Ursprung an flussabwärts begleiten können, ist diese Tour als einzige im Buch *gegen* die Flussrichtung beschrieben. (Details: topograph. Karte Seite 217).

Wir verlassen den Tiroler Grenzort SCHARNITZ links an der Kirche und am nahen Großparkplatz (km 0), wo am Automaten eine Mautkarte zu besorgen ist. Unterschiedliche Parkdauer wählbar, Minimum ein Tag. Ticket gut sichtbar auf dem Armaturenbrett ablegen.

Westlich des Scharnitz-Beckens ragt über der „Baby-Isar" das Massiv der 2196 m hohen **Arnspitze(n)** *auf, ein Naturschutzgebiet.*

Relativ leicht zu besteigen, im Gipfelbereich Schwindelfreiheit nötig.

*Der „Hohe Gleirsch"
(2492 m) über der
klaren, grünen Isar.*

*Für Kajakfahrer und
Gehfaule: Auf der für
private Kfz gesperrten
Straße wird **Taxi-
Service** angeboten:
Martin Mair,
Hinterautalstr. 115,
A-6108 Scharnitz.
Vorab-Info: Tel. Scharnitz
+43 (0)5213-5363.
Oder 5541 31 (Ramona)
Kajaks werden ca.10 km
bis „Hubertus"
transportiert.*

Ein zweiter Parkplatz *Kar-wendel* folgt an der ersten Brücke, sonst Parkverbot!

Angesichts der sehr langen Strecke ist das MTB hier ideal, eventuell Trekking-Rad mit breiten Reifen. Eine Fußwanderung hinauf zur Quelle bzw. Kasten-Alm und retour könnte in mühsame Monotonie ausarten.

Wir folgen der Forststraße, die von Scharnitzer Forst-Anrainern unterhalten wird. Anfangs geteert, später geschottert, fest, aber abschnittsweise auch relativ weichkiesig.

Die Isar wird nach wenigen Metern überquert, danach bleibt der Weg auf dem rechten (hier nördlichen) Ufer der jungen Isar.

Nach einem Kilometer: Von links Einmündung des *Kar-wendelbachs* in einer kleinen und doch imposanten Schlucht. Darüber thront die Pleisenspitze (s. Bergtour Seite 66, Bild Seite 68)).

Km 1,4: Von Süden mündet der *Kreidegraben* ein, hier die „Kreidebrücke", benannt nach einstigem Kreideabbau am Berg. Im nahen Kieswerk wird der Isar nach ihrer totalen Urnatur im Oberlauf das erste Mal massiv zu Leibe gerückt.

OPTISCHE HÖHEPUNKTE AUF DER „GLEIRSCH-HÖHE"

Wir folgen den Schildern zur Halleranger Alm und passieren den *Wiesenhof* mit seinen Forellen-Spezialitäten. Es geht ziemlich steil durch schönen Wald hinauf zur **Gleirschhöhe** (1.095 m; km 4,5 ab Parkplatz), hinter der sich das erste Panorama öffnet: auf den dominierenden Bergklotz des Hohen Gleirsch, 2.492 m, 1.500 m über den Scharnitzer Talboden aufragend.

Die Isar strömt unberührt und frisch-blaugrün in der Tiefe unterhalb unseres Weges und geht hier unter die 1.000-Meter-Höhenmarke und durch eine Schlucht.

Abzweig eines Seitenwegs, dem *Gleirschbach* folgend, zur Mösl-Alm und zur ehemaligen „k.u.k-Amtssäge", heute Jausenstation. Sehr schöne Übergänge Richtung Inntal! **Wander-Tipp:** Neuer Weg in die **Gleirsch-klamm** (für Sie eingezeichnet in die topogr. Karte 1).

Junge Isar etwas östlich der Gleirschhöhe, Blickrichtung Ost ins Hochgebirge Richtung Lafatscher.

Knapp 2 km nach der Aussichts-Höhe öffnet sich abrupt ein fantastischer Weitblick nach Osten. Das Hinterautal mit den kalkig grauen Karwendel-Bergen zu beiden Seiten. Ein traumhaftes alpines Ambiente, lohnt längeres Verweilen und Schauen.

IM HINTERAUTAL ZUM ISAR-URSPRUNG

Etwas unerwartet führt der Weg nun von der Gleirschhöhe zunächst sanft bergab. Man passiert den kleinen

Kotwaldsee samt Wildfütterung, und dann geht's meist verhältnismäßig sanft bergauf. Dabei wird oberhalb der Jagdhütte *Hubertus* die 1.100-m-Marke überquert. Super Panorama ins Hochgebirge. So kennt kaum jemand die Isar.

Km 8,7: Brücke zur Jagdhütte *Hubertus* (kein Stützpunkt), danach die 2. Wildfütterung. Im Süden ragen die während der Eiszeit

Eine Kanu-Fahrt auf der Isar oberhalb von Scharnitz führt zum Teil durch enge Schluchten und ist nur etwas für erfahrene und gut ausgerüstete Kajaker.

vom Karwendelgletscher polierten *Praxmarer Wände* auf, später folgt die düstere *Schwarzenwand* mit dem „Schwarzwald". Links (Norden) die Ödkar-Wände.

Km 12 ab Parkplatz auf rund 1.160 m Höhe: Ein markanter Stein mit Hinweistafel zum **ISAR-URSPRUNG**. Das Wort *Quelle* war in früheren Zeiten nicht so üblich; in vielen alten Karten findet sich auch der Vermerk: *Bei den Flüssen.* Leider wurde die Tafel in den letzten Jahren immer wieder abgerissen, so dass viele die Isarquelle gar nicht wahrgenommen haben.

Inzwischen wurde vom Flurstück-Besitzer Josef Draxl vom Scharnitzer Brunnerhof ein kurzer Rundwanderweg nordwärts angelegt zum Dutzend kleiner Quellen und Quellbäche; zwei davon frieren auch im Winter nicht ein. Zuvor musste man pfadlos durch den Wald trekken. Einigen Naturschützern sind Weg, Info-Tafeln, Ruheplätze und die pflegende Waldverjüngung im winzigen Bereich des Karwendelparks ein Dorn im Auge.

Wasser-Nachschub für die Isarquellen fällt als Niederschlag oben auf dem Tratenköpfl (2.126 m) und weiter nördlich im Bereich der Birkkarspitze. Es braucht bis zum Austreten im *Ursprung* einige hundert Jahre. Das Wasser ist kristallklar und hat 1a-Trinkwasser-Qualität.

„QUELLEN-FORSCHUNG"

Statement von Josef Draxl: „Man könnte München mit diesem Spitzen-Wasser versorgen und würde der Isar trotzdem nicht schaden." Bis es mal so weit ist (wohl eher nicht), können sich Radler und Wanderer hier die Wasserflasche mit dem reinen Quellwasser füllen.

Wichtiger noch als die Wasserqualität ist für die Isar die Tatsache, dass die Quellen auch in sehr regenarmen Jahren nicht trocken fallen, ganz im Gegensatz zum folgenden *Lafatscher Bach*, dessen Quelle droben zwischen Halleranger Alm und Überschalljoch (1.912 m) oft als Isarquelle angesehen wird. Ein Bach, der häufig mal trocken fällt, kann eigentlich nie und nimmer Quellfluss sein, mag er gegenüber dem Isar-Quellbächlein noch so mächtig wirken. Fälschlich findet sich bei der Lafatsch-Quelle sogar in amtlichen topografischen Karten der Beiname „Isar" in Klammern.

Aber das wollen wir mal nicht so eng sehen: Soll sich die Baby-Isar also aus zwei Brüsten nähren – ist ja schließlich normal, oder?

Etwas nördlich des Fahrwegs zur Kasten-Alm sprudeln mehrere Quellen aus Fels und Waldboden: der Isar-Ursprung.

*Einst war das Quell-Gebiet **„Bei den Flüssen"** schwer zu finden, heute gibt's einen Rundwanderweg und Info-Tafeln. Siehe dazu S. 18ff.*

Wildfütterungsstelle im Hinterautal.

Eiszeitlich geprägte Urlandschaft: Östlich des heftigen Anstiegs an der Gleirschhöhe präsentiert sich das Hinterautal erstaunlich eben und damit radlerfreundlich.

Die junge Isar kann sich oft in mehrere Arme verzweigen.

Finale an der Kasten-Alm (1 220 m)

FINALE AN DER KASTEN-ALM

Km 14: Nach leichtem weiterem Anstieg stößt der Weg beim schiffsbugartig geformten Berg Reps/Hochkanzel mit der Hallerangerspitze (2 442 m) zunächst auf die Jagdhütte (kein Zutritt).

Südöstlich liegt dann die *Kasten-Alm* (1 220 m). Zu dieser Mitte Juni bis September bewirtschafteten Jausen-Hütte wandert man ein paar hundert Meter. Das Fahrrad muss am Alm-Zaun zurückbleiben, daher ggf. ein sicheres Schloss mitnehmen!

Kurzer Seitenblick zur erreichten Höhe: Sie stehen hier oben nur 150 m tiefer als der südlich vom Inntal gelegene Brenner-Pass, der tiefen Einsattelung im Alpen-Hauptkamm (Wasserscheide Inn/Eisack). Oder 700 (!) m über der Höhe von München (Liebfrauenkirche, Dom 518 m, knapp 130 Fluss-km entfernt.

Allein auf der kurzen 14-km-Etappe von der Kasten-Alm bis Scharnitz verliert die junge Isar fast ein Drittel des gesamten Höhenunterschieds bis München (auf rund 500 m). Das spricht für das starke Gefälle, das Kanuten und Radler hier oben zu erwarten haben.

Die Weiterfahrt mit dem MTB hinauf zum **Halleranger** und zur Quelle des Lafatsch(er)bachs ist eher etwas für Extrem-Biker oder Wanderer Der Weg wird schlagartig ab Kasten-Alm schmal und partiell sehr steil, ist aber für Wanderer gut zu machen. Bis zu den beiden Hütten am Halleranger sind ca. 550 Höhenmeter zu überwinden, also fast doppelt so viel wie auf dem bequemeren Fahrweg von Scharnitz bis zur Kasten-Alm.

Der Name *Halleranger* ist unschwer zu deuten: Hier oben liegt der „Anger", die Almwiese des Ortes Hall (Solbad Hall im Inntal).

Für die Rückwanderung nach Scharnitz muss mangels passabler Alternative zwangsläufig der Hinweg gewählt werden. Der bietet aus entgegengesetzter Richtung nun ganz andere Perspektiven und lohnt sich daher allemal. Über dem Isartal-Einschnitt sind meistens die Hohe Munde und die Arnspitzen im Blick, ein 2 196 m hoher Bergstock, der zum bayerisch-österreichischen Wettersteingebirge gehört. - Extrem-Biker sowie Bergwanderer können die schwierige Route südwärts über das Lafatscher Joch (2 085 m) und das Stempeljoch (2 215 m) wählen und durch das Samertal/Gleirschtal runterradeln zur Gleirschhöhe. Hier stößt man wieder auf unsere Hinterautal-Route.

Die oberste Isar hat ein Gefälle von etwa 12–15 Promille und wird mit Schwierigkeitsgrad II bis III klassifiziert; eine Passage gar III+. Damit bleibt der Oberlauf den erfahreneren Kajakern mit entsprechender Ausrüstung und Training vorbehalten. Etwas einfacher ist die Befahrung mit soliden Trekking-Schlauchbooten (siehe Praxisteil).

Pegel in Scharnitz, optimaler Pegelstand um 180 cm; bei 130 cm angeblich noch gut machbar. Transport zur Einsetzstelle mit dem Taxi-Bus, siehe oben. Der Betreiber weiß über die – je nach Wasserstand unterschiedliche – ideale Start-Stelle Bescheid.

Wildwasser-Freaks können bei der Einmündung des Ödkarbachs einsetzen, etwa halbwegs zwischen Abzweigung zur Jagdhütte Hubertus und dem Isar-Ursprung. Hier lauert ein Abschnitt mit starker Verblockung und gleichzeitig starkem Gefälle.

Etwas weiter westlich die übliche Einsatzstelle beim Futterstadel. Bei einem Geröllfeld ein stark verblockter Einschnitt – die schwierigste Stelle.

Die Fortsetzung von der Kastenalm zu den Halleranger-Hütten (1768 m) ist mühsamer als der Weg zur Kasten-Alm. Kein Wunder, dass die angegebene „Gehzeit" x-mal übermalt wurde.

Neue Befahrungs-Regelung:

Im Oberlauf bis Scharnitz dürfen Bootsfahrer erst ab 1. Juni auf die Isar! Begründet wird es mit dem Fisch-Schutz.

Kajak in der Tiefe der Isar-Schlucht östlich Scharnitz

Fröhliche Fahnen-Vielfalt in Scharnitz:

Über Europa-Sternen österreichisch rot-weiß-rot und bayerisch weiß-blau (nicht etwa die deutsche Fahne).

Danach flussabwärts die Isar-Schlucht (Bild links). Von Süden mündet der Gleirschbach aus der Klamm ein; die Isar strömt tief unter der begleitenden Straße, bis zur unteren Brücke, wo das Kieswerk beginnt und kurz drauf von rechts (Norden) der Karwendelbach einmündet. Ideale Aussetzstelle ist beim Großparkplatz östlich von Scharnitz.

 Die Möglichkeiten für **Bergtouren** nördlich und südlich des Hinterautals sind besonders für „Normalverbraucher" mager. Der im Karwendel dominierende Wettersteinkalk ist ziemlich brüchig, und das Gebiet abseits der Karwendelränder sehr einsam. Zudem sind oft lange Zugangswege zu absolvieren (Gefahr bei plötzlichem Wetter-Umschwung). Empfehlenswert für Isar-Ausblicke sind eher die beiden Vorschläge in Tour 2 sowie der empfehlenswerte Wanderweg in die *Gleirsch-Klamm.*

BERGWANDERUNG 1
Eher leicht: Brunn(en)steinspitze (2.179 m)

Beginn im östlichen Ortsteil von Scharnitz in Richtung Nordosten. Unterwegs kein Stützpunkt. Für Geübte unter Umständen an einem halben Tag zu machen.

Abstieg auf derselben Route mit Alternative zum Orts-Zentrum von Scharnitz im unteren Bereich. Oder nordwestwärts via Brunnsteinhütte hinab ins Isartal südlich von Mittenwald (siehe Tour 2).

BERGWANDERUNG 2
Ohne lange Talwanderung: Pleisenspitze (2.572 m)

Relativ einfach von Scharnitz aus erreichbar, technisch für halbwegs Geübte leicht bis mäßig schwierig. Ganztagestour. Ca. 5 Stunden Aufstieg zum markanten westlichen Eckpfeiler der Hinterautal-Kette. (Abb. Seite 68 unten).

Markierter Weg-Beginn etwas östlich der Einmündung des Karwendelbachs. Meist durch Wald aufwärts zur von Ende Mai bis Mitte Oktober bewirtschafteten Pleisenhütte (1.757 m, Info Österreich 0043 (0)664-9158792).

In 3 Stunden bis zur Hütte, dann weiter ca. 2 Stunden auf markiertem Weg zur Pleisenspitze (2.572 m). Rundblick über die Karwendelketten samt höchster Erhebung der Birkkarspitze genau im Osten (2.749 m).

BERG-EXKUR

Scharnitz von Südwesten mit dem Karwendel. - Kirche am Abzweig in die Täler.

SCHARNITZ (TIROL)

Das kleine Tiroler Feriendorf mit seinen 1.200 Bewohnern liegt knapp unter der 1.000-Meter-Marke in einem weiten, einst von Gletschern geformten Talbecken am südwestlichen Eingang zum „Alpenpark Karwendel", dem größten Schutzgebiet der nördlichen Kalkalpen. Scharnitz ist weniger überlaufen als die Nachbarorte Mittenwald (Bayern, nur 6 km entfernt) und Seefeld (Tirol), hat aber gute Infrastruktur.

Sehr sehenswert ist das Scharnitzer Museum, wo man alles zum Karwendelgebirge erfährt – und damit auch über die Isar.

Weitere Attraktion: Die Reste einer ehemaligen, im Jahre 1805 von den Franzosen samt verbündeten Bayern zerstörten Sperrfeste *Porta Claudia* (siehe auch S. 68). Diese markante Enge am Fuß der Arnspitzen war zur Grenzziehung geradezu prädestiniert und seit Römer-Zeiten befestigt, ist aber keine Wasserscheide (die verläuft weiter südlich bei Seefeld über dem Inn-Tal). Info-Tafeln über die Kämpfe am ehemaligen Grenzposten.

Früher mal zum Bistum Freising gehörend, wurde die Zone südlich und südöstlich der Porta Claudia später tirolerisch und die angeblich so „bayerische" Isar in ihrem Oberlauf österreichisch, was sehr viele nicht wissen, was für Natur-Fans nie ein Problem war und heute in der EU erst recht keins mehr ist ...

1. Grenz-Rätsel:

WARUM "PORTA CLAUDIA"?

Zur Bergtour S.66:

*Schon am östlichen Ortsrand von Scharnitz ist die **Pleisenspitze** voll im Blick. Hier über dem kühlen Karwendelbach, einem rechten Zufluss.*

Viele werden bei *Porta Claudia* am Scharnitz-Pass an die berühmte altrömische *Via Claudia* denken. Diese Handels- und Heerstraße führte unter Kaiser Claudius via Scharnitz und Partenkirchen ins einst wichtige Augsburg, nach Augusta Vindelicum, Hauptstadt Raetiens. Die Grenzfestung von 1633 (30jähr. Krieg) ist aber benannt nach der Landesfürstin *Claudia von Medici*. So ein Zufall!

2. Grenz-Rätsel:

WEN TRENNT DIE GRENZE EIGENTLICH?

Grenzposten sind nördlich von Scharnitz nicht mehr zu sehen. Es geht von Österreich nach...?

Beim Herumwandern finden sich alte Grenzsteine: Es geht nach **B** wie Bayern, nicht etwa nach **D** wie Deutschland!

Die Praxmarer Wänder überm Hinterautal wirken hochalpin.

Rechts: Das junge Isar-Bacherl.

Holzstich von Scharnitz (um 1885).

Der Scharningrund im bairischen Hochgebirge.

Porta Claudia s.S.66f

Oberes Isartal

(SCHARNITZ) MITTENWALD KRÜN WALLGAU (15 km)

Fluss-km 263 bis 248 = 15 km

| 0 | 5 | 10 | 15 | 20 | 25 |

Gefälle: 960 bis 850 m = 110 m

Allgemein: Die *Obere Isar* (so genannt bis München-Süd) geht auf Kurs Nord nach Austritt aus dem Karwendel bei Scharnitz. Anfangs naturbelassen, später reguliert; ab Krün-Stausee großteils zum Walchensee abgeleitet.

Ausgangspunkte: Scharnitz. - Mittenwald, Bahnstation, ideal für die Fahrrad-Mitnahme).

Zielpunkt: Wallgau, Isar-Steg bzw. Beginn der Mautstraße nach Vorderriss Entfernung: Straße 16–18 Kilometer Fluss-Kilometer 263 bis 248 = 15 km

Empfohlene Karte: Topogr. Karte *Karwendel* 1 : 50.000. **In unserem topo-Atlas Karte 2, S.218**

Tourencharakter: Leicht. Ideal für Wanderer bzw. Fahrrad-Arten. Mittlere Kondition ausreichend.
Bootstour nur für Erfahrene! WW I-II.

Wege: Autostraßen und Wander-/Radwege, jedoch kein angenehmes homogenes Netz. Keine besonderen Steigungen!
Tipp: Radtour um den Kranzberg.

Höhenunterschied: Scharnitz (964 m) bis Wallgau (866 m, Isarbereich 850 m): nur rund 100 m, weitgehend relativ eben.

Exkurse: 1. Bergtour von der Karwendelspitze (Bergbahn) zurück ins Tal. Oder 2. auf die Schöttelkar/Soiernspitze lang, anspruchsvoll, für Geübte. 3. Walchensee-Kraftwerk. 4. Neu: Wanderweg von der Isar (Riedboden) zur Leutaschklamm.

Stützpunkte: reichlich in Scharnitz, Mittenwald, Krün, Wallgau. Fahrradvermietung mit guter Touren-Info z.B.: Mittenwald, Madhouse, Dekan-Karl-Pl. 22, Tel. 08823-938972

Campingplatz: traumhaft an der Isar, ideal für Radtouren: „Naturcamp Isarhorn" nördl. Mittenwald an der Umgehungsstraße, Tel. 08823-5216.

Obere Isar, Mittenwald mit Karwendel.

B e i Scharnitz biegt die Isar vom Hinterau-Längstal in ein markantes, gletschergeformtes Alpen-Quertal ein. Das heißt: von hier bis Wallgau strömt die Isar quer zu den Bergketten in Süd/Nord-Richtung. Begrenzt wird das Tal von den markanten Karwendelflanken im Osten (Brunnensteinspitze, Westliche Karwendelspitze, Soiernspitze), über dem linken Isarufer die Arnspitze sowie Wetterstein-Ausläufer. Es folgen: der Mittenwalder Kranzberg (Tipp: Rundblick!) und dann das hübsche Hügelland der „Buckelwiesen" bei Luttensee und Schmalensee.

Nördlich von Scharnitz teilen sich Isar, die E6 (= Bundesstraße 2) und Eisenbahn den schmalen Gebirgs- Einschnitt zwischen dem Arntalköpfle und Brunnensteinkopf. Hier in der SCHARNITZER KLAUSE (= Engpass, auch „Scharnitz-Pass") verläuft die deutsch-österreichische Grenze, die heute nahezu nicht mehr spürbar ist. Die Grenzposten wurden nach Wegfall der Inner-EU-Kontrollen erfreulicherweise total geschleift.

Auch von der ehemaligen Festung *Porta Claudia* (Bild S. 70, Erklärung S. 68) auf den Felsen über dem linken Ufer blieb wenig übrig. In den Napoleonischen Kriegen wurde sie gründlich zerstört. Die Grenzmauer verlief einst durch das gesamte Tal.

Nach der Kanalisierung im Ortsbereich Scharnitz darf sich die Isar nördlich der Scharnitz-Klause ab Fluss-km 263 letztmals für lange Zeit richtig austoben: Das relativ klare, grünblaue Wasser rauscht zwischen Schotterbänken dahin. Nur zur parallel verlaufenden Bundesstraße B2 sind hie und da Schutzbauten sichtbar, die aber weniger stören als der Verkehrslärm im engen Tal.

Blickrichtung Süd: Isar, Scharnitz-Becken und Alpen-Hauptkamm.

Kaum regulierte Isar knapp nördlich der ehemaligen Festung „Porta Claudia" (Scharnitz).

Dies interessante Gebiet lässt sich am besten zu Fuss erforschen und auskosten, ist es doch kaum 4 km lang (Scharnitz bis Mittenwald). Auch mit dem Fahrrad und guter Karte kommt man hier auf dem _Isar-Radweg_ auf seine Kosten.

Bei der Bundes- bzw. Bayern-Grenze geht es auf zwei Brücken von der B2 hinüber aufs Westufer. Radfahrer passieren den folgenden, schönen „**Riedboden**" (NSG) recht nah am Fuß der Berge auf ordentlichem Schottersträßchen. Wanderer können einen der abzweigenden Wege benutzen und damit dicht an der Isar bleiben *(Isarweg)*. Das Isar-Ufer beim Riedboden wirkt mit seinem offenen Auwald oder mit Busch-Charakter ausgesprochen schön und ist daher auch bei Sonnenanbetern zu Recht so beliebt wie die Pupplinger Au.

Tipp: Hier beginnt ein unschwieriger und „naturverträglich" angelegter Wanderweg hinauf zur zuvor kaum zugänglichen **Leutaschklamm**. Neue spektakuläre Querung zwischen beiden Wegen via Panoramabrükke.Gute Ausgangspunkte: Gasthaus *Am Gletscherschliff* oder *Höll-Kapelle*. Sehr lohnend!

Die B2 verläuft weit entfernt auf dem rechten Ufer und stört wenig wegen des Auwaldstreifens zwischen Fluss und Straße. Auto-Touristen kriegen wegen dieser „Sicht-Blende" von der Isar wenig mit. Wer von ihnen weiß schon, dass er neben dem Oberlauf des vielgerühmten Bayern-Flusses dahinfährt?

Blick vom Karwendel: Obere Isar und Heuwiesen sowie Arnspitze (2196 m) südlich von Mittenwald.

Leutaschklamm: Neuer spektakulärer Klammweg via Panoramabrücke rotblau nachgezeichnet.

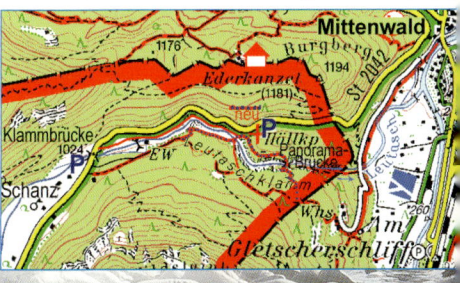

Blickrichtung West vom Karwendel:
Mittenwald mit Lauter- und Ferchensee sowie Kranzberg.
Darüber ragt das Wetterstein-Gebirge auf bis hin zu Alp- und
Zugspitze. Der Schneeferner ist gut zu erkennen. Links der
einfache Anstieg zur Nördlichen Linderspitze (Exkurs S.79).

Rechts: Historische Karte Mittenwald mit noch völlig
unregulierter Isar (um1860).

Unten: Tiefblick ins Isartal. Sie strömt von links als Natur-
Fluss heran, durchquert **Mittenwald** eher kanalisiert.

MITTENWALD

Der erste bayerische Ort an der Isar ist erstaunlich wenig von selbiger geprägt, wenn man ihn z.B. mit Bad Tölz vergleicht. Alte Stiche und die historische Karte links zeigen, dass einst zwischen Dorfkern und Fluss eine sehr breite Freifläche blieb, die nun großteils besiedelt wird. Zum Schutz vor Hochwasser hat man die Isar daher im Ortsbereich kanalisiert.

Einst fern vom wilden Fluss (Karte links), nun bis nah am Wasser gebaut: Mittenwald. „Lüftl"-bemalte Häuser unterm Karwendel.

Trotz des städtischen Eindrucks hat sich Mittenwald malerische Ecken bewahrt. Alte und neue Häuser sind mit „Lüftlmalerei" geziert, mit christlichen und weltlichen Motiven.

Die Isar passiert bei den Gebirgsjäger-Kasernen an Mittenwalds Nordrand die 900-m-Marke und hat seit dem Quellgebiet im Hinterautal (Tour 1) ungefähr 270 Höhenmeter hinter sich gebracht.

Ausblick: Bis zur 256 km entfernten Mündung müssen noch 600 Meter „abgebaut" werden, gerade mal doppelt so viel wie auf den wenigen Kilometern hier im Karwendel-Bereich.

Gut von der Umgehungsstraße bzw. von der Staatsstraße 111 aus dem Zentrum von Mittenwald ist der Natur-Campingplatz **AM HORN** erreichbar, sicher ei-

*Blickrichtung Nord vom Karwendel aus: Das Isar-Becken von **Krün** mit Isar-Stausee und **Wallgau**. Im Hintergrund die gut wanderbare Kette Heimgarten und Herzogstand (Bergbahn).*

ner der attraktivsten an der Isar, siehe oben. Viele in solcher Ufernähe gibt es ohnehin nicht bis München, schon gar nicht so fantastisch mit ufernahen Stellplätzen am Busen der Natur. Die Isar holt hier nach Westen aus und strömt dann nach Nordosten zurück (Fluss-km 254).

Traumhaft gelegener Natur-Campingplatz „Isarhorn", z.T. direkt an der klaren Isar.

Noch ein Stück Urnatur – dann ist es um fast alle Isar-Power erst mal geschehen, das heisst: Sie wird zur Stromerzeugung am Walchensee im Isar-Stausee von KRÜN (870 m) erstmals gebändigt. Das allein wäre ja nicht einmal sehr schlimm; es wird der Isar hernach oh-

*Isar-Steg bei Wallgau mit Morgennebel. Normalerweise ist das Nord-Süd-Tal als typischer **Föhn-Kanal** nebelarm. Der Steg bildet einen idealen Zugang zu den Wander- und Radwegen zwischen Nord-Karwendel und Isar.*

nehin noch einige Male widerfahren. Aber hier war's viel radikaler: Der Isar wurde ab den 1920er-Jahren buchstäblich das Wasser abgegraben, fast total geraubt und in einem Kanal zum Walchensee geleitet, um im Walchensee-Kraftwerk Energie zu erzeugen (siehe die Exkurse Seite 81 und 84, Bild Seite 83).

Danach fließt das Isarwasser zusammen mit dem Nebenflüsschen Loisach nordwärts nach Wolfratshausen, wo es sich wieder mit der inzwischen rund um den Sylvensteinspeicher etwas aufgepäppelten „Mutter" vereinigen kann.

WIEDER WASSER IM KIESBETT!

„Tote Hose" – so ließ sich das leere Isar-Kiesbett östlich von KRÜN und WALLGAU einst treffend beschreiben. Nur wenn die Isar nach Regen oder während der Schneeschmelze mehr als 25 Kubikmeter Wasser pro Sekunde führte, hatte man den Überschuss (den der Obernach-Kanal zum Walchensee bzw. zum Kraftwerk nicht fassen konnte) mehr nolens als volens aus dem Krün-Stausee ins Isarbett entlassen.

Seit 1990 müssen nun um die vier Kubikmeter pro Sekunde für die Isar abgezweigt werden, im Winter etwas weniger, im Sommer etwas mehr. Die Menge ist für Laien schwer vorstellbar. Immerhin reicht sie aus, um aus dem zuvor kieswüsten Oberlauf Richtung Sylvenstein-Stausee wieder ein halbwegs ansehnliches Bachtal zu machen. Für Kajakfahrer sind die vier Kubik allerdings zu wenig, es geht besser nur unmittelbar nach starken Niederschlägen (passabel ab 6–8 Kubikmeter).

Seit die Isar hier wieder Wasser führt, lädt auch das Gebiet östlich von Krün und Wallgau wieder mehr zum Wandern ein.

Wiederbelebte Isar bei Wallgau:

Neuerdings werden der Isar hier 3 bis 5 Kubikmeter Wasser pro Sekunde spendiert. Das macht den Fluss wieder lebendig, reicht selten für Bootstouren. Nur nach reichlich Regen und nur für Erfahrene.

Blickrichtung Süd:

Wallgauer Wiesen, Karwendel (links) und Arnspitze (re. am Rand).

Radeln und wandern in totaler Isarnähe ist bisweilen beschwerlich. Der beschilderte Isar-Radweg fernab vom Fluss ist einfacher.

Auf dem rechten (hier östlichen) Ufer verläuft ein schmales, für Autoverkehr gesperrtes Sträßchen durch hübsches, weitgehend ebenes Wiesen- und Waldland unter der **Schöttelkarspitze** (2.050 m), einem nordwestlichen Eck-Pfeiler des Karwendel. Ein neuer Steg ermöglicht diverse Varianten. - Zur Schöttelkar-Bergwanderung siehe rechte Seite.

Beim Markgraben nördlich der *Au-Hütte* endet der Weg; mit Findigkeit kann man bei Fluss-km 244 weiter nordostwärts trekken und stößt auf ein Forststräßchen, das am rechten Ufer nach Vorderriss führt (Tour 3). Ein passabler Forstweg führt Radler auf dem rechten Ufer direkt nach Vorderriss.

BERG-EXKURS

 Für mehr oder weniger Berg-Geübte:

DIE ISAR VON OBEN

Eine wunderbare Alternative zum Wandern neben bzw. über der Isar im Mittenwalder Bereich ist eine Bergtour auf dem westlichen Karwendelrand. Wer nicht gut zu Fuß ist und sich den steilen *Karwendelsteig* via Mittenwalder Hütte ersparen will, kann mit der Großkabinenbahn bis fast zur **Westlichen Karwendelspitze** hinaufgondeln. Die Talstation liegt nah an der Mittenwalder Umgehungsstraße E533/B2 und ist gut ausgeschildert.

Gut gesichert und nicht sehr schwierig: Abstieg vom Karwendel auf dem Heinrich-Noe-Weg zur Brunnstein-Hütte.

Schon die kurze Wanderung um den Kessel der *Karwendelgrube* östlich der Bergstation bringt einen phantastischen Tiefblick: Von der Nördlichen Linderspitze (2 374 m) hinab Richtung Isar (siehe Bild S. 73 oben), Mittenwald und zum Wetterstein im Westen. Nordwärts ins Isar-Becken um Krün/Wallgau mit Herzogstand-Heimgarten.

Karwendel: Hoch überm Isartal Richtung Stubaier Alpen. Solche Kletterei ist sicher nichts für jedermann, aber die Wanderung zur Brunnsteinhütte (unten) schaffen wohl fast alle.

Schwindelfreiheit und solides Schuhwerk sind nötig. Schwierigere Abstiege durchs Dammkar (Beginn nahe der Bergstation deutlich markiert) oder auf dem Karwendelsteig. Die Routen sind gut beschildert. - Unerfahrene sollten sich mit dem Weg zum Linderspitzen-„Hausberg" der Bergstation begnügen, danach wieder mit der Bahn zu Tale schweben.

Interessanter und mit Isar-Einblicken aus der Vogelperspektive präsentiert sich der südlichere *Heinrich-Noe-Weg.* Er ist lang, anspruchsvoll (zum Teil mit Drahtseil gesichert) und damit Erfahreneren und Trainierten vorbehalten.

Es geht südwärts hinab zur Einsattelung zwischen den Linderspitzen und unter diesen weiter hinab zur malerischen Sulzleklamm und Richtung *Brunnstein-Hütte* (Jausenstation und Übernachtungsmöglichkeit). Von der Hütte zu einer Gabelung: Entweder durch den Wald direkt zu den malerischen *Hoffeld-Heuwiesen* im Isartal oder nordwärts über den *Leitersteig* zurück nach Mittenwald.

BERGTOUR 2
Schöttelkar- und Soiernspitze (2 257 m)

Die *Soiernspitze* mit ihren markanten horizontalen Schichtungen ist schon von weither gut auszumachen und lockt daher viele Bergsteiger fast magisch an. Die Tour mit ihrer Gratwanderung ist ein ziemlich „langer Hatscher"! Anstrengende Tagestour, besser im Soiernhaus übernachten.

Ausgangspunkt ist die Isarbrücke östlich von KRÜN. Zunächst nordostwärts auf dem langen Forststräßchen durchs Naturschutzgebiet zur *Fischbach-Alm* (2 Stunden, bewirtschaftet). Von dort zum *Soiernhaus* (1613 m) nach Süden, am besten alternativ zum Fahrweg auf dem *Lakaiensteig.* Trittsicherheit nötig, geringe Steigung.

Es geht westwärts hinauf auf die Schöttelkarspitze (2 015 m). Gratwanderung mit Blick via Reissende Lahnspitze (2 209 m) in weitem Halbkreis zur Soiernspitze (2 257 m). - Zurück: nordwärts hinab zum Soiernkessel mit 2 Seen und Hütte. Oder zur *Fereins-Alm* hinab und auf Fahrweg westwärts zurück zur Isar – ein recht langer Weg... Konditon und Erfahrung nötig!

Isarnahe Gratwanderung: Die im Frühsommer noch leicht beschneite Kette Soiern- und Schöttelkarspitze.

Gesehen vom Ausgangspunkt, dem Wallgauer Isar-Steg.

Der obere Bereich dieser Tour von Scharnitz bis südl. Ortsrand **Mittenwald** ist mäßig schwierig, nichts für Anfänger (Schwierigkeitsgrad I bis II): Rauschendes Wasser, einige raue Schwellen, für Geübte ohne größere Probleme, weitgehend lohnend.

Aber: Man muss zweimal raus! Danach kanalisiert mit einigen Stufen, ansehen, umtragen. Isarbefahrung bei Mittenwald also nicht lohnend!

Sehr schön von Mittenwald-Nord, vorbei am Isarhorn-Campingplatz bis zum *Krüner Stausee.* Ende! Weiterfahrt im See verboten. Da das Isarwasser dort bis auf eine kleine Restmenge von rund 4 Kubikmeter/Sek. zum Walchensee abgeleitet wird (s. o.), ist die Weiterfahrt ndl vom Damm kaum möglich, außer nach schwerem Regen, wenn auch der „Überfluss" (= mehr als die maximal in den Kanal ableitbaren 25 Kubikmeter) ins Isarbett abgelassen werden müssen.

Bäuerliche Idylle auf den Almwiesen zwischen Wallgau und Krün.

Im Hintergrund das Karwendel-Gebirge.

EXKURS

Isarwasser in spezieller Form:
Walchensee-Kraftwerk

Auf Gedeih und Verderb ist die Isar seit den 20er-Jahren des 20. Jahrhunderts mit Walchen- und Kochelsee verbunden. Rücksichtnahme auf Natur oder Ökosystem wurde damals ganz ganz klein geschrieben. Also kann man dem Initiator des *Walchensee-Kraftwerks* keinen Vorwurf machen: Oskar von Miller setzte 1924 den Bau des Kraftwerks durch. Er war auch ein Gründungsvater des Stromversorgers *Bayernwerk* und wurde vor allem bekannt als zäher Initiator des *Deutschen Museums* München, das an (besser: inmitten) der Isar liegt.

Um die Fallhöhe von 200 Metern zwischen Kochel- und Walchensee rentabel für die Gewinnung der „weißen Kohle" ausnutzen zu können, sollte mehr Wasser her als die kleinen Walchensee-Zuflüsse liefern konnten. Also musste die nahe Isar dran glauben: Man baute den Staudamm bei Krün und leitete das Isarwasser durch den Obernachkanal nach Einsiedl (am Südwestzipfel des Walchensees).

In den schon vom Alpenvorland aus sichtbaren Röhren stürzt seitdem die in spezielle Form gebrachte Isar ca. 200 Höhenmeter zu Tale und erzeugt Strom: Leistung 124.000 kW. „Emissionsfrei", lobt man dies.

Dass dabei das Ökosystem eines Flusses teilweise vor die Hunde ging, steht auf einem anderen Blatt. Wasserkraftwerke gelten seit einigen Jahren wegen gewisser Nachteile nicht mehr als Nonplusultra der Energieerzeugung, aber das ist ein Thema für sich.

Man kann schon froh sein, dass Pläne nicht realisiert wurden, den Kesselberg mit einer riesigen Staumauer zu versehen und den Seespiegel des Walchensees damit um 25 (!) Meter zu erhöhen...

Das muss man sich mal plastisch vorstellen!

Das **Walchenseekraftwerk** kann besichtigt werden, es liegt etwas südlich von Kochel am Beginn der Kesselbergstraße (Altjoch 21). Geöffnet täglich von 9 bis 17 Uhr. Info: Tel. 08851-77211.

Der Besuch der beeindruckenden Anlage lässt sich gut kombinieren mit dem *Wildbach-Lehrpfad* beim nahen Benediktbeuern (Exkurs in Tour 4).

Kajaken unterhalb Stauwehr Krün ist nach starkem Regen o.k. (Hier Einstieg am Wallgauer Steg)

Ökologisch nur relativ unbedenkliche Energie aus Wasserkraft, aber dafür war die Isar ab Krün jahrzehntelang eine Fluss-Leiche:

Das Walchensee-Kraftwerk wird großteils mit abgeleitetem Isar-Wasser betrieben.

Ausgenutzt wird das Gefälle zwischen Walchensee und Kochelsee.

Weitere Fotos siehe folgende Seite.

Blick vom Herzogstand südwärts: Oberes Isartal mit Krüner Stausee, Karwendel, Mittenwald, Arnspitze, Kranzberg. Ganz hinten: Gletscherberge des Alpen-Hauptkamms (Stubaier).

Ein Traum-Blick, gell?

zum Kochelsee

Isar-Wasser, wie es kaum jemand kennt: Es strömt durch weit sichtbare Fall-rohre zum Kraftwerk und weiter zum Kochelsee. Dann mit der Loisach nach Wolfratshausen und dort zurück in die Isar.

Walchensee 802 m
Sachenbach
9
Urfeld
Kesselberg
Paßhöhe 858 m
10
Walchensee
Kraftwerk
Altjoch
Kochelsee 599 m

Walchensee-Kraftwerk beim Kochelsee

Es war einmal: Ungebändigter, wilder Verkehrsweg Isar im Becken Krün - Wallgau. Heute strömt das meiste Isarwasser durch einen Kanal von Krün zum Walchensee.

Bitte Vorsicht

Der Wasserspiegel im Flußbe durch besondere Betriebsere an der Wehranlage oder durch me Witterungseinflüsse plötzli stark ansteigen! Es besteht dann Lebensgefahr

Krüner Isar-Stausee und Wehr, gesehen vom Wanderweg auf dem rechten (= Ost-)Ufer. Bis 1990 war der Fluss unterhalb des Wehrs „tot", das meiste Wasser wurde zur Strom-Erzeugung abgeleitet. Doch dann wurde die Isar auf Druck von Umweltschützern glücklicherweise „neu gegründet" ...

Einstige und jetzige Isar-Verspätung

DIE ISAR WIRD (NEU) GEGRÜNDET...

Karl Valentin hat die *Errichtung der Isar in der Stadt München* aus seiner speziellen Sicht beschrieben: „Heute Nachmittag drei Uhr 30 sind genau 800 Jahre verflossen seit Bestehen unserer Isar... Es war ein feierlicher Akt, als die ganze Münchener Bürgerschaft, der Stadtmagistrat auf der Fraunhoferbrücke standen und jeden Moment auf die ersten Isarwellen warteten."

Valentins Fiktion sollte 1990 bei Krün am Stausee ganz ähnlich Wirklichkeit werden! Nach langem Gezerre zwischen Naturschützern und dem Bayernwerk musste ein Quantum von durchschnittlich etwa 4 Kubikmeter pro Sekunde in die zuvor meist trocken liegende Isar geleitet werden. Viele Besucher waren gekommen, um bei Km 250,7 das Unerhörte zu sehen: Die Isar ist wieder „im Fluss"!

Zweiter Akt:

Noch mal Karl Valentin: „Punkt vier Uhr sollte der grüne Fluss eintreffen, aber es wurde später und später, und kein Tropfen Isar war zu sehen. Es wurden sofort Extrablätter verteilt mit der Inschrift „Isar noch nicht eingetroffen, eine Stunde Verspätung!"

Was Valentin für den neu gegründeten „edlen Gebirgsfluss in München" juxig erdichtet hatte, passierte dann anno 1990 am Krüner Stausee tatsächlich: Die Isar kam nicht zu Stande!!!

Das frei gegebene Wasser versickerte im jahrzehntelang gedörrten Kiesbett – erstmal war Fehlanzeige bei der Neuen Isar. Erst nach Wochen entwickelte sich das Bacherl, als das sich die Isar seitdem bis Vorderriss meist präsentiert. Jedoch weiterhin mit starken Versickerungen auf den ersten Kilometern.

Wollen Sie wissen, wie es dagegen bei Valentins „Isar-Gründung" weiterging? Nach Ansprache, Hoch-Rufen und Böllerschüssen war der neue Fluss vehement da, „die gutmütige Isar schäumte gelb vor Wut, die haushohen (!) Wellen waren mindestens ein bis zwei (!) Meter hoch, die am Ufer stehenden Menschen flohen in die Stadt – ins Hofbräuhaus, welches bald überfüllt war."

So bot die Isargründung willkommenen Anlass zum Trink-Gelage, was bis heute am Fluss gute Tradition hat – auch ohne „Errichtung einer Isar in der Stadt München"...

Unter der Krüner Staumauer strömen bei Fkm 250,7 wieder mindestens 3 bis 5 Kubikmeter/Sekunde, 25 Kubik gehen zum Walchensee-Kraftwerk (siehe die Seiten 81-83).

Erspart blieb der Isar der in den 1980ern geplante Weiterbau der Mega-Fernstraße (unten links) durchs Obere Isartal nach Vorderriss.

Es wäre der letzte Sarg-Nagel des damals fast ausgetrockneten Tals gewesen.

Unten: Luftbild Krüner Wehr und freie Isar.

Gigantisches, landschaftsfressendes Kreuzungsbauwerk von B2 und B11. Hier sollte die Fernstraße im Isarbett ostwärts nach Vorderriss starten.

Obernach-Kanal

Isar-Ableitung zum Walchensee

Wehr und

Jahrzehntelang trockengelegt –
nun (verhältnismäßig)
quicklebendig

VON WALLGAU ZUM SYLVENSTEIN-STAUSEE (18 km)

Fluss-km 246 bis ca. 228 = 18 km

0	5	10	15	18	20	25

Gefälle: ca. 850 bis ca. 750 m = 100 m

Allgemein: Die Isar wendet sich von Wallgau ostwärts und strömt in einem weitgehend naturbelassenen, breiten und teilweise wieder wassergefüllten Flussbett via Vorderriss zum Sylvenstein-Stausee. Im Ostteil unter den Grasbergen eine schöne, sanfte Schlucht mit markanten Felswänden. Tipp: Traumhafte Ur-Isar!

Ausgangspunkt: Wallgau

Zielpunkt: Sylvenstein, Kreuzung B307 und B13 (Rad) Kanu: vor der Staumauer.

Entfernung: Straße ca. 22 Kilometer Fluss-Kilometer 246 bis 228 am Sylvenstein = ca. 18 km

Empfohlene Karte: Topogr. Karte *Karwendel 1:50000*. **In unserem topo-Atlas Karte 3, S.220/21.** Marco Polo, Freizeitkarte *Westliche Bayerische Alpen*

Tourencharakter: Ideal für **Wanderer** bzw. alle **Fahrrad**-Arten. Einfach, sehr schön! Im Isarbett meist keine etablierten Pfade. - **Kanu:** schwierig, halber Tag.

Wege: Autostraße (Wallgau–Vorderriss) Maut, für Radfahrer kostenlos). – Forststräßchen auf dem rechten Ufer.

Höhenunterschied: Wallgau (866 m) bis Sylvenstein nur rund 100 m. Am Anfang bis Abzweig zur Mautstraße ziemliche Steigung, dann sanftes Gefälle mit wenigen Zwischenanstiegen bei einmündenden Bachtälern.

Exkurse: Bergtour Schafreiter, mit Ausblick auf Sylvenstein. Tölzer Hütte, bewirtschaftet.

Stützpunkte: Wallgau, Vorderriss (Gasths.), neuer Ort Fall mit Hotel und Wohnmobil-Nachtparkplatz. Kein Cam-

Von Süden: „Fjord"-Arme des Sylvenstein-Sees; Rauchenberg im Hintergrund.

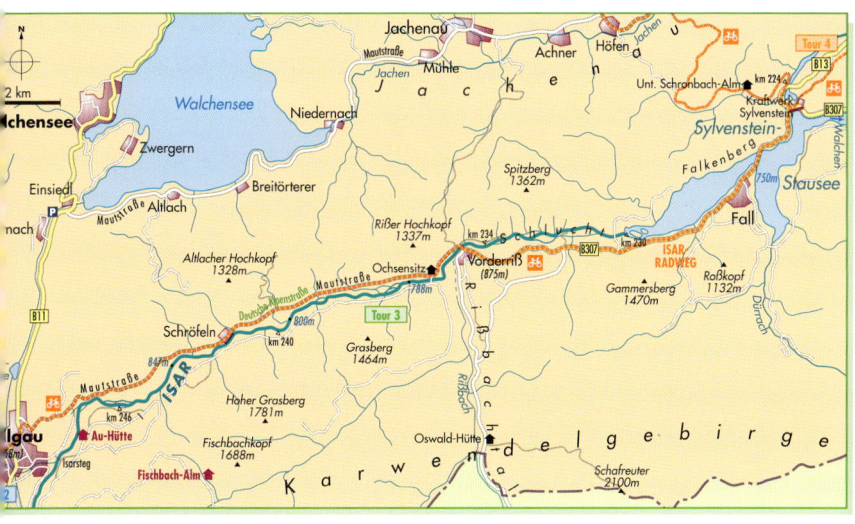

Die von **Wallgau** nordwärts zum Walchensee weiterführende Bundesstraße 11 erklimmt in großer Kurve die Höhe oberhalb des Ortes (Einbahn-Regelung). Von dort zweigt die schmale, romantisch wirkende Forststraße nach Osten von der B 11 ab. Die Mautstelle folgt später nach dem Golfplatz; Radfahrer müssen nichts bezahlen! Eine viel interessantere Alternative zum *Isarradweg* ist jedoch der Forstweg auf dem rechten, hier südlichen Ufer (detailliert siehe unsere topo-Karte 3).

Sieht man von der fantastischen „Obersten Isar" im Karwendel östlich von Scharnitz ab (Tour 1), dann ist das urige Bergtal Wallgau-Sylvenstein Empfehlung Nummer 1 am Fluss.

Die Maut hat den Vorteil, dass der Durchgangsverkehr ferngehalten wird. An schönen Wochenenden oder während der Sommerferien ist hier trotzdem viel los, was auf der relativ schmalen Straße für Radfahrer lästig wird. Ideal ist eher ein Werktag oder die Nebensaison.

Die einst geplante direkte Mega-Zufahrt von Krün (unter Umgehung von Wallgau) nach Vorderriss wurde bislang nicht realisiert und dürfte der fantastischen Natur- und Kultur-Landschaft im Talkessel eher schaden.

Neben der Mautstraße hat die Forstverwaltung einige Parkplätze eingerichtet. Von hier aus lässt sich das noch ursprünglich wirkende Isar-Trogtal mit seinen verzweigten Armen sehr, sehr gut zu Fuß erforschen. Ein Top-Wanderziel!

Einen richtigen Wander-/Radweg etwas abseits der Mautstraße gibt's hier leider nicht, genauso wenig wie gut gebahnte Wanderwege direkt am Flussufer. Ideal (s. o.) der Weg auf dem rechten Ufer.

Da das Mautsträßchen linksseitig meist oberhalb der Isar verläuft, bieten einige Punkte im sonst recht dichten Wald schöne Panoramen über das Urstromtal.

Stellen Sie sich doch mal vor, dass noch vor rund 10 000 Jahren viele hundert Meter dicke Eismassen des Isar-Loisach-Gletschers über dem Tal langsam ins Alpenvorland krochen und dabei dieses Terrain zurecht schliffen.

Unten: Gletscherpolierte Felswände westlich vom Sylvenstein. Ein super Wandergebiet. im Tal der noch weit verzweigten „Ur-Isar".

Im West/Ost verlaufenden Tal zwischen Wallgau und Sylvenstein versinkt die Sonne über der Isar und sorgt so für besonders romantische Licht-Stimmungen. Das gibt's später beim Süd-Nord-Verlauf so nicht mehr.

Von Westen, von der Einmündung der Isar: Sylvenstein-Speichersee samt der Brücke und den dahinter liegenden Tegernseer Bergen.

Bei VORDERRISS mit seinem Gasthaus (ein ehemaliges Forsthaus) wird die Isar überquert; Mautstelle für Befahrung in Gegenrichtung. Hier stößt das schmale und urig wirkende Mautsträßchen auf die breite Bundesstraße 307 Richtung Sylvenstein-Stausee (in Vorderriss links halten). Beide Straßen sind höchst unterschiedliche Teile der „Deutschen Alpenstraße", wobei es erstaunlich (und erfreulich!) ist, dass man die romantische Mautstraße noch nicht auf den üblichen höheren Standard ausgebaut hat.

Querschnitt des Sylvenstein-Damms. Der See, in dem das alte Fall versank, entschärft Hochwasser und gibt in trockenen Perioden Wasser an die Isar ab.

Exkurs: Von Vorderriss führt die südl. Verlängerung der B 307 durchs Rissbachtal zur Bundesgrenze und weiter zum oft überlaufenen *Großen Ahornboden* (Endpunkt „Eng" mit Wirtshaus. Ausgangspunkt für Bergtouren ins Karwendel). Weniger frequentiert und sehr lohnend ist die Wande-

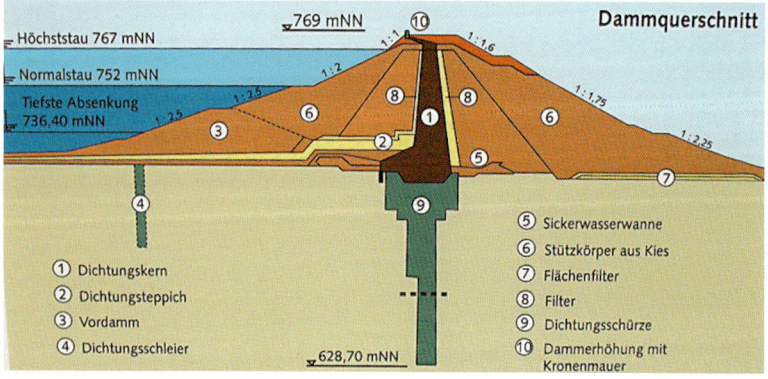

Dammquerschnitt

769 mNN
Höchststau 767 mNN
Normalstau 752 mNN
Tiefste Absenkung 736,40 mNN

628,70 mNN

① Dichtungskern
② Dichtungsteppich
③ Vordamm
④ Dichtungsschleier
⑤ Sickerwasserwanne
⑥ Stützkörper aus Kies
⑦ Flächenfilter
⑧ Filter
⑨ Dichtungsschürze
⑩ Dammerhöhung mit Kronenmauer

rung auf den **Schafreuter** (auch Schafreiter, 2 200 m) mit der Tölzer Hütte. Ausblicke ins Alpen-Vorland und zum Sylvenstein-Stausee samt dem nordwärts weiterführenden Isartal.

Die B 307 schwingt sich von Vorderriss auf dem rechten Isar-Hochufer ostwärts. Einige kurze, steile Wege führen hinab in die Isar-Schlucht zu Füssen der Nordberge; besonders die nördliche Talwand ist sichtlich von Eiszeitgletschern glatt geschliffen worden. Eine der schönsten Isar-Abschnitte wartet hier auf Wanderer! (Abb. S. 88).

Sylvenstein-Brücke bei Niedrigwasser.

Die Isar hat zuvor etwa bei Fluss-Kilometer 239 die 800-m-Marke unterschritten und ist nun wieder reichlicher gefüllt. Allerdings wird ihr auch ein Großteil des Rissbach-Wassers geraubt, das (wie zuvor an der oberen Isar erlebt) zum Walchensee abgeleitet wird: Durch den *Rissbachstollen* nordwärts zum Fuchsgraben bzw. nach Niedernach am Südostzipfel des Walchensees. Luftbild Seite 93.

Morgen- und Abendstunden sind (nicht nur) am Fluss die schönsten. Stellen Sie sich vor, wie kurz danach die steigende Sonne den Morgendunst „frisst"...

Von der B 307 schaut man dann über die schimmernde Fläche des Sylvensteinsees. Auch hier führt ein für Autos gesperrter Weg hinunter ins Isartal: zur *Geschiebe-Sperre* (hält herangespültes Geröll zurück) und zum Sedimentschlammigen Mündungsbereich der Isar in den Speichersee. Ein Wandergebiet, mit schönen Stimmungen am frühen Morgen oder gegen Abend.

Rechts zweigt danach von der B307 die kurze Zufahrt zum neuen Ort FALL ab. Das „alte Fall" (durch den Ludwig-Ganghofer-Roman „Der Jäger von Fall" zu gewisser Berühmtheit gelangt) versank ab 1957 nach dem Bau der Sylvenstein-Staumauer in den Fluten des neuen Sees. Wahr-

Blick von der Sylvenstein-Brücke (Bild unten) Richtung Südwest.
Der See wird wegen seiner Seitenarme oft mit einem Fjord verglichen.

Bei Niedrigwasser wirken die kahlen Ufer jedoch nicht so toll ...
Mit seinem 2001 erhöhten Damm kann der Stausee riesige Wasser-
mengen speichern und den Abfluss bei Hochwassern reduzieren
(800 Kubikmeter/Sekunde beim Pfingsthochwasser 1999).

In trockenen Jahren wie z.B. 2003 wird die Isar mit dosierten
Abgaben „am Laufen gehalten".

Elegant schwingt sich
die Sylvenstein-Brücke
über den See.
Das Wasser war bei
der Aufnahme so
unglaublich grün!

Im Sylvenstein-Speichersee wurde die Isar stillgelegt, buchstäblich.

scheinlich wurde das alte Fall nach seinem Verschwinden nostalgisch-romantisch verklärt, aber das soll einen nicht abhalten, hier am Stauseeufer seine Phantasie spielen zu lassen...

Einen Campingplatz gibt es bei Fall nicht, aber ein naher, ausgeschilderter Parkplatz bietet zumindest Wohnmobil-Fahrern gute Übernachtungsmöglichkeit.

Die Halbtages-Befahrung zwischen Wallgau und Sylvensteinsee lohnt fürs Kajak in der Regel nicht. Meist zu geringer Wasserstand. Möglichst nur Einer benutzen.

Überwasserstand beim Krüner-Stausee-Wehr sollte für eine angenehme Befahrung bei 10 Kubikmetern pro Sekunde liegen. – Aussetzstelle bei km 231 vor Beginn des Stausees (Kies-Geschiebesperre) oder am Rastplatz bei Fall. **An der Staumauer ist kein Umsetzen zu Tour 4 möglich!**

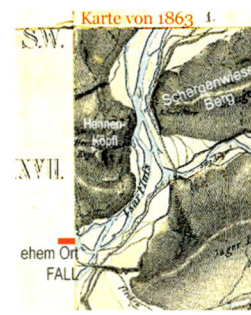

Karte von 1863

Isar-Durchbruch beim Sylvenstein, rund 100 Jahre vor Bau des Speichersees. Unten: Wander- und Radwege sowie Kanu-Problemstelle beim Rissbach-Düker.

offizieller Isar-Radweg   Forststraße (Maut)

Wallgau

Sylven-stein >
P

Rissbach-Ableitung

Brücke Ochsensitz

zum Isar-Radweg

„Isarwinkel"
am Ausgang der bayrischen Alpen

VOM SYLVENSTEIN-STAUSEE VIA LENGGRIES NACH BAD TÖLZ
(23 km)

Fluss-km 224 bis ca. 202/201 = 23 km

Gefälle: 730 bis 640 m = 90 m

Allgemein: Beim Sylvenstein (937-m-Kuppe am östlichen Brückenkopf) ändert die Isar nördlich der Staumauer des Kraftwerks letztmals die Generalrichtung: Sie fließt nun nordwärts Richtung Bad Tölz, wo sie im Stausee des kommunalen Tölzer Kraftwerks das nächste Mal aufgestaut wird. – Der kleine Damm zwischen Winkel und Fleck ist eher unbedeutend, aber für die Kajakfahrt sehr lästig.

Ausgangspunkt: Brücke der B13 über die Isar, direkt unterhalb der Sylvenstein-Staumauer (Straßen-km 22)
Zielpunkt: Lenggries Brücke, Bad Tölz.

Entfernung: Straße ca. 22 Kilometer
Fluss-Kilometer 224 bis 201 = 23 km,

Empfohlene Karte: Topogr. Karte *L8334 Bad Tölz* 1:50.000. **In unserem topo-Atlas Karte 4, S.223/24.** Kompass-Karte 182 *Isarwinkel* mit Lexikon

Tourencharakter: Ideal für Kajakfahrer. Anfangs kaum Wander- und Radwege in Flussnähe. – Für Autofahrer partiell guter Zugang zum Fluss an zehn ausgewiesenen Parkplätzen zwischen Sylvenstein und Untergries, südl. von Bad Tölz.

Wege: Durchgehend B13 rechtsufrig. Nebenstraße via Wegscheid, Murbach und Arzbach auf dem linken Ufer. Parallel dazu unbefestigte Wege für Radler; anfangs westlich dieser Nebenstraße, ab Arzbach östlich und nahe der Isar.

Höhenunterschied: Sylvenstein Seehöhe 750/730 m bis Pegel Tölz/Brücke 640 m = nur noch ca. 80 m (entsprechend etwa 3,5 Promille). Die Isar hat noch Weißwasser-Abschnitte im Angebot, besonders bei der „Isarburg" (Wirtshaus) nördlich Lenggries. – Da die Bayerischen Alpen auf dieser Tour enden, gibt's kaum noch Zwischensteigungen bei Radtouren und Wanderungen.

Exkurse: 1. Bergtour vom Brauneck (Bahn) westwärts zur Benediktenwand.
2. Wildbach-Lehrpfad Benediktbeuern

Stützpunkte: Lenggries + kleinere Orte im Isarwinkel; top in Bad Tölz.

Blickrichtung Süd:
Isar und Wiesenraine bei Lenggries.

Vom ehemaligen Isar-Durchbruch westlich des niedrigen Sylvenstein ist heute nichts mehr zu erkennen: Der in den letzten Jahren erhöhte Staudamm dominiert die Enge. Die Isar kriegt im Unterwasser des Damms bei Fluss-km 224 wieder „Oberwasser". Hier optimaler Einstieg für Boote. Guter Pegelstand: 250 cm. Am Pegelhäuschen gegenüber oder per Internet lesbar.

Drei renaturierte raue Rampen können nun von erfahrenen Kanuten mittig passiert werden (Bild unten sowie Luftbilder folgende Seite). Sicherer ist rechtsseitiges Umtragen.

Die Rampen sind auch beliebtes Ziel von Wanderern, die den mehr oder weniger erfolgreichen Bemühungen der Bootsfahrer zuschauen und im Fall eines Falles helfen können.

Nach den Schwällen quetscht sich der Fluss zwischen die waldigen und teilweise steilen Flanken des Rauchenbergs (Westen, knapp 1.000 bis 1.375 m) sowie Gerstenrieder Kopf und Rosskopf im Osten (1.420 m). Uriges Flusstal mit vielen Kiesbänken (*Gries* genannt) und kleineren Inseln. Hier beginnt das Landschafts-Schutzgebiet *Isarauen* mit Restrik-

Rasant durch den neuen Durchlass in einer „rauen" Rampe. Umtragen ist keine Schande...

1. Staudamm
2. Grundablassstollen
3. Hochwasserentlastung alt
4. Hochwasserentlastung neu
5. Triebwasserstollen
6. Kraftwerk alt
7. Kraftwerk neu
8. Bundesstraßen B13/B307
9. Rad- und Fußgängerweg
10. Betriebsgebäude
P Parkpl. für Bootstour 4

*Sylvenstein-Damm samt Isar-Radweg (Start durch kurzen Tunnel) Richtung Lenggries . Einsetzstelle für die Bootstouren (**P**).*

Start mit drei folgenden, zum Teil renaturierten Rampen unterhalb der Straßenbrücke.

tionen (siehe die Seiten 106/107).

Bei Fluss-km 218 passiert die Isar die 700-m-Höhenlinie. Hier öffnet sich nach der linksseitigen „Berg-Nase" des Rauchenbergs das Tal ein wenig. Schöne Blicke übers östliche Klattenbach-Tal zum Doppelgipfel Roßstein und Buchstein.

Nach einer Links-kurve taucht nach km 217 ziemlich abrupt der Staudamm bei FLECK auf. Zwar ist der See nahezu total mit Kies-Geschiebe gefüllt, aber es reicht noch, ein paar Industrieanlagen (E-Werk) am Kanal mit Wasserenergie zu versorgen. Im Unterwasser unterm Damm herrscht meist Boots-feindliche Ebbe (siehe Seite 101, Kanu-Info).

Kurz darauf mündet bei Langeneck/Fleck von Westen brausend der Jachen in die Isar, ein linker Isar-Nebenfluss, der vom Walchensee durchs malerische Tal der **Jachenau** herab kommt. Ein schönes Wandergebiet.

Linker Hand erhebt sich nun daslohnende und per Seilbahn leicht erreichbare **Brauneck** (1 555 m), das sich schon geraume Weile von Westen her ins Blickfeld schiebt. Ein relativ leichter, aber langer Wanderweg führt von dort über die Latschenköpfe westwärts zur

Die beiden Luftbilder wurden so angeordnet, dass sie (mit kleiner Aussparung an der Insel) eine Einheit bilden.

Links: Dritte und letzte Rampe. Manche Fahrrinnen sind oft von Kies verschüttet.
Ggf. vorher anschauen.

Naturnahe „raue" Rampen mit Durchlässen haben die alten Sohlschwellen abgelöst.

Noch ein rauschender Schwall – und dann geht's bis Lenggries ohne weiteres Umtragen flott dahin auf dem spritzigen Naturfluss.

Benediktenwand (1 801 m). Panoramabild vom Brauneck Seite 222.

Nördlich von Fluss-km 214 finden sich beim Dörfchen ANGER zwei kleine Badeteiche, die im Vergleich zur sogenannten „sommerkalten" Isar relativ warm sind! In der Nähe ein Parkplatz an der Schnellstraße B13 (mühsamer Ausstieg für Boote).

Luftbild zur Jachenau (Blick nach Westen).

Rechts: Ausnahmsweise mal stark überronnenes Wehr bei Fleck. Links umtragen. Dahinter das Brauneck-Massiv. Nur bei solcher Wasserführung lohnt Weiterfahrt im karg bemessenen (besser: dem Volk enteigneten!) Unterwasser.

Ufer-Kiesbank („Gries") mit der Benediktenwand im Hintergrund.

Die Isar passiert danach das angenehm ländlich gebliebene LENGGRIES (= das lange Gries, die lange Kiesbank), das von der Isar aus kaum sichtbar ist. Von hier bietet sich eine leichte, einfache Bergtour ohne Aufstiegshilfe auf den Geigerstein an (nur 1491 m, ruhig und lohnend!).

Lenggries ist wirklich ein Juwel des **Isarwinkels**, wie dies Gebiet genannt wird. Der eigentliche Ort auf dem rechten Ufer ist von der Isar aus kaum zu erkennen, nur der Kirchturm ragt über den Auwald. Kurze Ortsbeschreibung im Kasten LENGGRIES (Seite 102).

Isar-Pegel 100 m flussabwärts der Ortsbrücke bei Fluss-km 201,6 (Höhe hier 640 m). Beliebte Einsatzstelle für

Kajaktouren nach Tölz. Tipp: Besser vom Sylvenstein nach Lenggries, da die Isar weiter südlich im letzten Alpinbereich wesentlich attraktiver ist).

DER ISAR STÄRKSTES RAUSCHEN

Ein paar hundert Meter nördlich von Lenggries das letzte große Hindernis im Fluss: Eine umgischtete Felssperre beim Gasthaus *Isarburg* (Fluss-km 210, Abb. S. 100). Das „Weißwasser"-Hindernis mit seinen schäumenden Wellen und Wasserwalzen ist nur für erfahrene Kajaker passierbar oder für organisierte Raft-Touren; Normalfahrer sollten umtragen, sich auf der anschließenden Kiesbank am berauschenden Ambiente erfreuen und flussab wieder einsetzen.

Wiesen-Raine bei Gaissach. Die Flurstücke ziehen sich langgestreckt vom Bauernhof zum Bergfuß.

Das Tal weitet sich zusehends zwischen der Berggruppe Zwiesel-Blomberg im Westen und Keilkopf-Sulzkopf im Osten, alle nur noch um 1100 bis 1348 m.

Die Isar wird nun etwas monotoner und langsamer, wirkt partiell wie kanalisiert. Auch die Vegetation wirkt nicht urig: Auf langen Strecken langweiliger und recht hoher Auwald. Kein Vergleich mit der ersten Etappe.

Unten
Katarakt beim Gasthaus Isarburg. Links umtragen. Bild S. 100.

Kurz vor Bad Tölz einige halb verfallene und fast romantisch wirkende Fabrikanlagen. Die Brücke der Umgehungsstraße wird passiert und die schönen Fassaden der Tölzer Unterstadt tauchen auf. Links darüber der *Kalvarienberg* (707 m) mit der gleichnamigen Kirche und der kleinen *Leonhardi-Kapelle.* Ortsbeschreibung siehe Kasten BAD TÖLZ am Ende dieser Tour.

Boot links umtragen

FINALE BAD TÖLZ

Der Pegel Bad Tölz befindet sich nahe der Brücke bei Fluss-km 201,6 (Höhe 640,3 m). Die Isar macht danach eine sanfte Biege nach Westen. Guter Ausstieg am gro-

Felsbarriere beim Gasthaus „Isarburg" nördlich von Lenggries.

ßen Parkplatz (Womo-P, km 201,5). Fluss-Pause im Stausee des kommunalen Kraftwerks von Bad Tölz.

 Tour-Dauer je nach Boot halber bis ganzer Tag. Der erste Abschnitt dieser Tour ist ein Kajak-Erlebnis erster Klasse: Natur pur! Einstieg unserm Sylvenstein-See. Ein paar kleinere Problemstellen sind leicht gemeistert: Drei kleine Schwälle (Gefällebremsen) kurz nacheinander unterhalb der Einsatzstelle, kürzlich umgebaut mit mittigen Durch-

Finale der Bayerischen Alpen: Latschenköpfe, Achselköpfe und markante Benediktenwand über der Isar.

lässen. Unerfahrene umtragen rechts. Sicherheitshalber an allen drei Stufen erst an Land gehen und genau anschauen. Mit Umtragen ist man immer auf der sicheren Seite!

Das Wehr bei FLECK ist unfahrbar (km 217,5). Vorsicht bei reißendem Hochwasser, da das Wehr kurz hinter einer Linkskurve auftaucht; es gibt jedoch eine deutliche Beschilderung. Die Umtragung linksseitig ist relativ lang und mühsam. Bei wenig Unterwasser die Tour hier abbrechen. Aussetzen/Parkplatz rechtsuftig.

Mit kommerziellen Trekking-Schlauchbooten (li.) lässt sich der Katarakt absolvieren. Hier gehen ihn mutige Kajaker an.

Eine Felsbarriere bei der *Isarburg* 1 km nördlich von Lenggries macht durch lautes Rauschen rechtzeitig auf sich aufmerksam. Linksseitig über die Felsen umtragen; für solide (!) Schlauchboote und versierte Insassen eventuell fahrbar. Unerfahrene Kanuten sollten sich nicht von den animierenden Äußerungen von Badenden („das packt ihr schon – sind vorhin ein paar rübergefahren") zur riskanten Befahrung verleiten lassen.

Empfehlung: Kajakfahrer, die zurück müssen zum Fahrzeug am Sylvenstein, sollten vor Tölz an einem der Parkplätze aussetzen und zurücktrampen zum Sylvensteinparkplatz; ab Tölz ist das wesentlich mühsamer. Weiterfahrt von Tölz durch den 2,5km langen Tölzer Stausee lohnt sich nicht! Optimaler Ausstieg Tölz-West bei km 201,5 am Parkplatz. Für die Fortsetzung einer Kajaktour nach Wolfratshausen bietet sich am Stausee links-

Wo einst Isarwinkeler Frauen Kiesel für die Kalköfen sammelten, hat sich ein Aussteiger namens Karl-Heinz als „Gründervater" dieser Stein-Kegel betätigt. Er „kieselte" sogar eine Mini-Kirche – bis zum nächsten Hochwasser...

(Fortsetzung Seite 104)

COMIRNATY®
Ch.-B.: 1E026A

Am „langen Kiesfeld" unter Brauneck und Geigerstein

LENGGRIES

Lenggries ist ein attraktiver, weitläufiger und noch erfreulich ländlicher Ort im **Isarwinkel**, dem letzten Alpen-Vorposten am Saum des hügeligen Vorlandes. Allerdings steht Lenggries ein wenig im Schatten des nördlich benachbarten Bad Tölz (siehe rechts). Der Name ist leicht zu deuten: der Ort am langen *Gries*, = am „langen Kiesfeld" der Isar, das allerdings in den letzten Jahrzehnten wegen ausbleibender „reinigender" Hochwasser erheblich geschrumpft ist.

Lage: in 679 m Höhe auf dem östlichen Hochufer der Isar, zwischen Brauneck im Westen (siehe Bergtour) und den sanften „Grasbergen" Richtung Tegernseer Tal. Geigerstein überm Ort. Weiter östlich der Fockenstein, 1.564 m. Damit ist Lenggries ideal für einfache Bergwanderungen.

Orts-Mittelpunkt ist die Kirche St. Jakob, eine für den kleinen, eher bäuerlich geprägten 10.000-Einwohner-Ort recht imposante Rokoko-Anlage. Das Verkehrsamt finden Sie gegenüber dem Rathaus in der Marktstraße Nr. 1 (Tel. 08042-500820) Internet: www.lenggries.de (mit Unterkunftsverzeichnis). Attraktionen sind das „Zentrum Oberbayerischen Brauchtums", das Bauerntheater, Kalvarienberg. Ruine Hohenburg südlich.

Öffentliche Verkehrsmittel: Endpunkt der Bayerischen Oberlandbahn (BOB) von München. Gute Taktung! Sparsamer Service. Kein Fahrkartenverkauf im Zug.

BAD TÖLZ

Von allen Städten an der Oberen Isar ist Bad Tölz am stärksten mit der Isar „verzahnt". Die Brücke ist das Bindeglied zwischen der einstigen Salzstraße Reichenhall-Augsburg und dem historischen Transportweg Fluss, daraus erklärt sich die Stadtanlage. Die unteren Ortsteile liegen dicht an der Isar und wurden oft von verheerenden Hochwassern heimgesucht. Seit dem Bau des Sylvenstein-Speichers hat das ein Ende: Die letzten großen Hochwasser richteten keine nennenswerten Schäden an.

Die einstige Funktion als Handelsweg-Knotenpunkt hat Bad Tölz längst verloren. Seit dem Bau der südlichen Umgehungsstraße ist der Moloch Autoverkehr aus dem Zentrum verlagert, die wunderschöne Marktstraße konnte zur Flaniermeile umfunktioniert werden. Im Luftbild links von der Isarbrücke, unbedingt anschauen. Lohnend ist der Weg zur Kalvarienbergkirche (oben links im Bild) mit Leonardi-Kapelle. Super-Aussicht über Stadt, Land, Fluss...

Info: www.bad-toelz.de

Marktstraße winterlich cool, mit malerischlangen Schatten.

seitig eine recht bequeme Umtragemöglichkeit für Boote an (Rollenbahn). Alternativ rechtsufriger Einstieg beim Klärwerk; die gesperrte Privatstraße darf erfreulicherweise zum Abladen der Boote benutzt werden (siehe folgende Tour).

 Schönste Radler-Abschnitte dieser Tour liegen ganz am Anfang nach dem Sylvenstein-**Tunnel** (Isar-Radweg) und gegen Ende: Auf dem linken Ufer von Arzbach/Steinbach auf unbefestigten Wegen in Ufernähe bis Bad Tölz.

Für den mittleren Abschnitt der Tour von Arzbach südwärts bis Wegscheid benutzen Radler meist die Wege westlich der Straße, also total abseits der Isar.

Auf dem südlichsten Abschnitt Wegscheid/Fleck/Sylvenstein muss überwiegend an der recht massiv befahrenen Bundesstraße 13 gestrampelt werden, wenn man isarnah bleiben will. Besser: die östliche Alternative über den Schergenwieser Berg, die am Sylvenstein-Kraftwerk beginnt (*Isarradweg,* Tunnel am Damm).

Großräumige westliche Rad-Alternative: An der Isar-Brücke unter dem Sylvenstein-Staudamm beginnt ein für Kfz gesperrtes Sträßchen, das westwärts durchs Schronbachtal und neben Brünstkopf/Achselkopf nach HÖFEN führt (Jachenau). Von dort sehr schön an den Nordhängen der Jachenau Richtung WEGSCHEID, wo wieder der mittlere Abschnitt der Tour erreicht wird.

Isar von oben am nördlichen Alpenrand

BRAUNECK UND BENEDIKTENWAND

Am Nordrand der Alpen lockt eine letzte Bergwanderung mit hohem Erlebnis- und Aussichtswert nahe der Isar: Eine Tour aufs **Brauneck** – kraftsparend mit der Bergbahn ab West-Lenggries. Brauneck-Panoramabild Seite 222.

Man kann natürlich auch hinaufwandern: Entweder auf der „Nordroute" von der Talstation über die Reiser-Alm, oder südlich von Obermurbach zur Bayernhütte.

Die Wanderung über Latschenkpfe(1 712 m) und Achselköpfe (1 707 m) zur *Benediktenwand* (1800m) ist abwechslungsreich und jede Mühe wert, aber eine lange Tagestour. Foto von Norden s. Seite100.

Um Energie für das stete Auf und Ab der Gratwanderung zu

BERG-EXKURS

sparen, sollte man daher die Aufstiegshilfe Brauneckbahn nutzen und einen der genannten Wege für den Abstieg wählen (meist via *Reiser-Alm* wegen des nahen Parkplatzes der Bergbahn-Talstation).

Die Benediktenwand ist ein äußerst markantes Massiv: Sie wirkt von Norden wie eine aufgerichtete Muschelschale und ist an klaren Tagen bereits von Aussichtspunkten südlich Münchens gut auszumachen.

Wer nicht aufs Auto angewiesen ist oder Abholung organisieren kann, könnte nordwärts absteigen zur Tölzer Hütte und nordwestwärts weiter Richtung Benediktbeuern. Dabei lässt sich der Wildbach-Lehrpfad im Lainbachtal „en passant" mitnehmen (siehe folgender Exkurs).

WILDBACH-LEHRPFAD BENEDIKTBEUERN

„Adern der Alpen"

Anno 1899 wurden Teile des bayerischen Oberlandes von einem verheerenden Hochwasser heimgesucht. Das war für die bayerische Regierung ein Anlass, mit „allerhöchst-königlicher Verordnung" die Verbauung von Wildbächen anzugehen. Ein zweischneidiges Schwert, wie sich später herausstellte.

Die grünen „Adern der Alpen" brachten mit reißendem Hochwasser, mit Muren und Hangrutschen gewaltige Gefahren in die Täler, andererseits brachte die Wasserenergie Mühlen zum Klappern und sorgte später für Strom.

BENEDIKTBEUERN war lange Zeit vom Lainbach geplagt, der von der Benediktenwand herabströmt. Nach einem extremen Hochwasser anno 1990 legte das auch für Teile der Isar zuständige *Wasserwirtschaftsamt Weilheim* einen Wildbach-Lehrpfad am Lainbach an (südöstlich von Benediktbeuern).

Der Pfad ist etwa vier Kilometer lang und lässt sich in zwei bis drei Stunden erwandern. Sehr anschaulich erfährt man dabei vieles über Naturkräfte und was die Menschen daraus machten. **Tipp: Empfehlenswert** – auch für die Naturgeschichte unserer Isar.

Der Wildbach-Lehrpfad *(blaue Markierung) ist von Benediktbeuern gut zugänglich. Er lässt sich via Tölzer Hütte gut mit einer Besteigung der Benediktenwand verbinden (mittelschwer).*

Die Gratwanderung ostwärts zum Brauneck und zum Isartal (Lenggries) ist relativ lang.

„... das Verhalten ordnen"

NATURSCHUTZGEBIET ISARAUEN

Ein dicker roter „Wurm" auf den Karten des Naturschutzgebiets *Isarauen* (NSG) markiert die Zone mit dem strengsten Reglement. Rechts und links anschließende grüne Flächen sind Landschaftsschutzgebiet, d. h. eine Stufe mit etwas geringerem Schutz.

Von „strengem Reglement" des NSG kann man eigentlich nicht sprechen. Die meisten Vorschriften sind nahezu selbstverständlich. Die *Verordnung vom Januar 1982* hat das Ziel, „den Zugang zum NSG und das Verhalten im NSG zu ordnen". Daher sollte man die Verhaltensregeln nicht nur im NSG, sondern überall beherzigen.

Die Faltblätter mit den Regeln liegen zwar vielerorts im NSG in kleinen Kästen aus, aber es kann nicht schaden, schon vorab Bescheid zu wissen. Daher hier einige leicht gekürzte, etwas bearbeitete Auszüge.

Wichtige Passagen, gegen die oft aus Unwissenheit verstoßen wird, sind mit (!) gekennzeichnet.

Zweck der Festlegung des Naturschutzgebiets ist es, die für Mitteleuropa einzigartige, naturnahe Wildflusslandschaft, bestehend aus unverbauten Abschnitten der Isar, unverbauten Bächen, Altwässern, Quellgebieten, Kiesbänken und naturnahen Vegetationsbeständen, unverändert zu erhalten, das natürliche Wirkungsgefüge der Auenlandschaft, das insbesondere vom Auftreten starker Hochwasser geprägt ist, zu bewahren, die auf einem Großteil der Talbereiche ablaufende natürliche Sukzession (etwa: zeitliche Aufeinanderfolge von Pflanzengesellschaften und Tierarten an einem Ort) von jeglicher Bewirtschaftung zu verschonen, die vielfach seltenen Pflanzen und Tiere, ihre räumliche und ökologische Verknüpfung zu sichern, die große Zahl von seltenen und geschützten oder schutzbedürftigen Pflanzen- und Tierarten, deren Lebensraum und Lebensbedingungen zu schützen.

VERBOTE

§ Alle Handlungen sind verboten, die zu einer Zerstörung oder Veränderung des NSG oder zu einer nachhaltigen Störung führen können. Es ist daher verboten, bauliche Anlagen zu errichten, Pflanzen oder Pflanzenbestandteile zu entnehmen (!) oder zu beschädigen, frei lebenden Tieren

Unregulierte Isar im Naturschutzgebiet Isarauen nördlich von Bad Tölz

nachzustellen oder sie zu töten, Brut- und Wohnstätten oder Gelege solcher Tiere fortzunehmen oder zu beschädigen, Sachen im Gelände zu lagern, Feuer anzumachen oder zu betreiben, zu grillen (!) sowie im Wald zwischen 1. 3. und 31. 10. zu rauchen, außerhalb der freigegebenen Straßen mit Kfz oder Wohnwagen zu fahren oder diese abzustellen (!), die gekennzeichneten Vogelschutzbereiche bei Puppling und Gartenberg in der Zeit vom 15. 3. bis 10. 8. zu betreten oder dort zu baden, zu lagern oder anzulanden (Anm.: einige Vogelinseln sind vom Wasser aus jedoch nicht immer deutlich zu erkennen), das Schutzgebiet zwischen 15. 3. und 15. 10. außerhalb der öffentlichen Straßen, Wege oder der markierten Pfade zu betreten, zu zelten oder zu übernachten (!), das Gelände zu verunreinigen, Hunde frei laufen zu lassen (!), in der Nähe der besetzten Vogelbrutstätten Ton-, Foto- oder Filmaufnahmen zu machen, zu lärmen oder Tonwiedergabegeräte zu benutzen.

Verstöße können mit einer Geldbuße bis 25.000 Euro geahndet werden.

Streng genommen darf also im NSG nichts verändert werden. Es kann trotzdem vorkommen, dass Bagger anrücken und zum Beispiel die unter Umständen lebensgefährlichen „Baumfallen" abräumen (siehe Praxisteil *Gefahren*). Zwar sind solche Treibholz-Anschwemmungen Teil des „natürlichen Wirkungsgefüges" und auch Lebensraum für manche Tiere, aber Menschenschutz geht dann vor Naturschutz.

Auch wirtschaftliche Interessen führen zu Veränderungen: In Teilen der Pupplinger Au wurden mit schwerem Gerät Wälle errichtet, um Nebenarme der Isar zugunsten des mit Flößen befahrenen Hauptarms abzusperren (siehe Tour 7).

Wege sind im NSG mit gelben Punkten markiert. Das Verlassen dieser Wege ist generell verboten. Weil die Pfade nicht ausgebaut sind, ist festes Schuhwerk erforderlich – das dürfte für halbwegs erfahrene Wanderer ohnehin selbstverständlich sein. ! Absturzgefahr ! Siehe Praxis-Teil!

„Fast wie am Amazonas"?

VON BAD TÖLZ NACH GERETSRIED (13 km)

*Startpunkt Tölzer Stausee,
mit Boots-Einsetz-Stellen
links oder rechts der Isar*

DEUTSCHLAND
München
Starnbg.
Wolfratshsn.
Bad Tölz
Garmisch-Partenk.
Mittenwald
Innsbruck
ÖSTERREICH

Fluss-km 200 bis ca. 187 = 13 km

0   5   10   **13** 15   20   25

Gefälle: 640 bis ca. 600 m = 40 m

Allgemein: Ein relativ unberührter und einsamer Abschnitt der Isar mit ziemlich dichter Vegetation an den Ufern. Beliebte Teilstrecke bei Bootsfahrten von Bad Tölz nach München.

Startpunkt: Parkpl P8 bei der Staumauer des Tölzer Stausees oder re.Ufer Klärwerk.

Zielpunkt: Einöd. „Tattenkofener Brükke" östlich von Geretsried für Wanderer/Radler, weniger gut für Boote!)

Entfernung: Straße auf rechtem Ufer ca. 11 Kilometer, Fluss-km 200 bis 187 = ca. 13 km,

Empfohlene Karte: Topogr. Karte *L8334 Bad Tölz* (Abschnitt nördlich Tölzer Stausee). Nordwärts dann *L8134 Wolfratshausen.* In

unserem topo-Atlas Karte 5, S.225. Kompass-Karte 180 Bad Tölz bis München, mit Lexikon.

Tourencharakter: Ideal für Kajakfahrer. Kein Umsetzen nötig! - Kaum Wander- und Radwege in Flussnähe, sondern westlich über Königsdorf ausholend. – Für Autofahrer: Wenig Parkplätze. Außer bei Einöd kaum guter Zugang zum Fluss.

Wege: Durchgehend Straße St 2072, rechtsufrig. Auf dem Westufer: B11 Geretsried – Königsdorf, dann ostwärts ausgeschildert Richtung Bad Tölz. Radfahrmöglichkeiten sowie Wanderwege in Isarnähe in diesem Bereich nicht optimal. *Isarradweg* linksufrig, oft weit entfernt von der Isar.

Höhenunterschied: Bad Tölz bis Tattenkofener Brücke nur noch 40 m (Gefälle durchschnittlich ca. 3 Promille).

Stützpunkte: Bad Tölz, Einöd (Wirtshaus Beham, Campingplatz). – Geretsried liegt etwa 2 bis 3 km westlich der Brücke; Einkaufsmöglichkeiten südlich der Zufahrtsstraße St2369 ausgeschildert.

Isar im Auwald nördlich von Bad Tölz

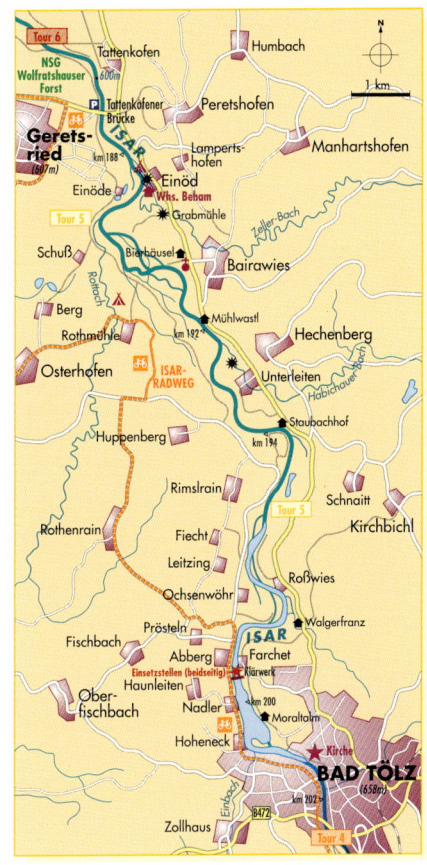

K a u m hat man die „technische Welt" am Kraftwerks-Stauwehr von Bad Tölz (Abb. links) samt modernisierter Kläranlage verlassen, da taucht man auch schon ein in eine fast unberührte Fluss-Landschaft im nur noch leicht gewellten Alpenvorland. Zunächst ist die Zone *Landschaftsschutzgebiet*, eine Stufe unter dem stärker geschützten *Naturschutzgebiet*.

Rückblickend ist oft noch der Nordrand der Alpen vor Augen – vor allem die markante Benediktenwand.

Die Isar macht eine erste Biege. Links hinter dem Ufer-Auwald weitet sich die *Leitzinger Au,* die bei einem Überflug mit einem niedrig fliegenden Sportflugzeug wie totale Naturlandschaft fast ohne menschliche Eingriffe wirkt. Ist aber natürlich nichts mehr mit Urlandschaft: hier ein Feldweg, dort ein Stadel – echte geformte *Kulturlandschaft*.

Was mit Kultur à la Theater etc. nichts zu tun hat, sondern mit „Kultivieren" durch den Menschen. Kein Wunder also, dass uns nach der nächsten Biege die Gegenwart einholt: Eine Stromleitung überquert die Isar.

Hier beginnt das 1986 etablierte *Naturschutzgebiet Isarauen* mit etwas stärkerem Reglement als das Landschaftsschutzgebiet. (Details siehe Kasten „Naturschutzgebiet" Seite 106/107).

Gedankliche Abkühlung beim Rückblick in die Eiszeit: Hier schob sich einst der hunderte Meter dicke *Isar-Loisach-Gletscher* ins Vorland. Im Verlauf der vier Eiszeiten hat der stärkere westliche Teil dieses Eisfelds den rechten Rand weiter nach Nordosten abgedrängt. Die Isar bzw. ihre vielen „Vorläufer" strömten dann ebenso nach Nordosten, zeitweise vielleicht über Reichersbeuern östlich von Tölz (mehr dazu in Tour 7).

Tölz bis Staubachhof um 1864. Heute ist die Isar hier geradliniger, kanalartiger (Karte S. 225).

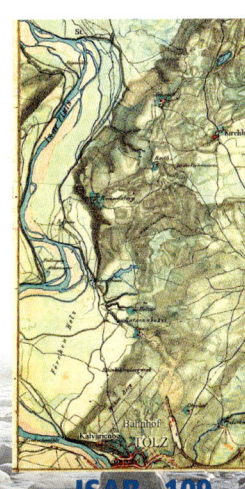

Rechts und links wuchert dominierender, geschlossener Auwald, was einen Kanuten mal zu der etwas überspitzten Formulierung veranlasste: „Wie am Amazonas." Klar: Hier ist kaum etwas wie am Amazonas, genauso wenig, wie die später auftauchenden Gaudi-Flöße mit ihren Dixie-Bands die Isar zum Mississippi machen... Aber die Vegetation ist erstaunlich dicht.

Dann taucht bei Fluss-km 194 voraus ein ungewöhnliches Objekt auf: Ein markantes Kliff unter dem **Staubachhof**, ein Gasthaus, das – wenn man sich ihm vom Lande aus nähert – bisweilen wie ein Flohmarkt wirkt..

Am uralten Sandstein-Kliff rauscht die „rasche Isar" mal wieder eine Spur stärker, sie wird schmaler, legt spritzig einen Zahn zu, geht vor dem Steilhang in die Knie und macht sich westwärts über helle Felsrippen dünne (Abb.rechts).

In mehreren sanften S-Kurven mit einigen Steilhängen geht es nordwestwärts weiter, bis die Isar bei Fluss-km 192 den relativ hohen Hügelausläufer bei Hechenberg streift. Hier wird – einziges Mal auf dieser Tour – die östlich begleitende Straße 2072 Tölz-Ascholding kurz sicht- und hörbar. Erreichbar ist die Isar von der Straße aus kaum.

Schöne Kombination aus Natur- und Kulturlandschaft in der ruhigen Leitzinger Au.

Dann wieder Natur-Idylle, und endlich kommt mal wieder ein unbewachsenes Gries-Kiesfeld zum Vorschein, ideal für eine Verschnaufpause.

Am Prallhang unter der westlichen *Einöde* knickt die Isar wieder ein, schwenkt nach Nordosten und erreicht den Weiler **EINÖD** mit der Kanustation Beham und mit dem Wirtshaus auf der jenseitigen, östlichen Seite der nahen Straße.

Hier ist eine der wenigen Stellen in diesem Bereich, wo sich der Auwald öffnet (daher eine ideale Einstiegs-/Aussetz-Stelle für Kanuten). Die Naturschützer wollten das Ufer renaturieren und bepflanzen, aber man braucht doch hie und da eine Stelle, wo auch mal Rettungs-Einsätze starten können.

Das Gasthaus *Beham* lockt mit Speis und Trank („Bitte nicht in Badebekleidung", so der Wirt). Und fürs Parken an dieser idealen Startposition mögen die Bootsfahrer den Obolus von 1,50 Euro in den Briefkasten am Sägewerk einwerfen.

Helles Kliff sowie Unterwasser-Felsen unterhalb des Staubachhofs:

20 Mio. Jahre alter Molasse-Sandstein.

Links die etwas heikle Passage aus der Luft.

Pestkapelle südlich von Einöd. Im Inneren Malerei aus der Pestzeit.

Riesen-Fischtreppe bei Bad Tölz

2004 wurde am Staudamm von Bad Tölz die größte naturnahe Fischtreppe Südbayerns gebaut. In 44 großen und kleinen Becken können Fische nun auf 200 Meter Länge die beträchtlichen 8 m Höhenunterschied vom Unterzum Oberwasser und umgekehrt absolvieren. Und in den Becken ausruhen.

Damit steht den Fischen die Obere Isar zwischen Baierbrunner Wehr (südlich von München) und Sylvensteinsee auf insgesamt 60 km wieder offen, bis hin zu den alten Laichplätzen von Nase, Barbe, Huchen & Co.

700 Liter pro Sekunde werden für diese recht aufwendige ökologische Umgestaltung abgezweigt. Der „Verlust" von fast 1 Kubikmeter / Sek ist für die Tölzer Strom-Erzeugung nicht unerheblich, für die Fluss-Fauna aber sehr wichtig.

Der kleine Campingplatz etwas nördlich der freien Uferstelle ist ziemlich in der Hand von glücklichen Dauercampern. Glücklich, weil sich so etwas an der Isar nur ganz selten findet. Ob es für Kurzzeitbesucher Platz gibt, erfahren Sie unter Tel. 08027-386

Die Isar teilt sich kurz darauf, bildet eine Kiesinsel. Auch dieser kurze und letzte Abschnitt bis zur Tattenkofener Brücke östlich von Geretsried ist sehr schön, daher beliebt bei Sonnenbadern, aber zum Glück meist nicht sonderlich überlaufen. Der Fluss spielt noch mal richtig auf, bietet beim passenden Wasserstand eine Reihe hoch aufgischtender Wellen (Luftbild rechte Seite).

An der Brücke gibt sich die Isar wieder etwas ruhiger und geht in die Breite. Mäßig gute Aussetzstelle (bzw. Einsetzstelle für die folgende Tour) ein paar Meter flussab der Brücke auf dem linken Ufer. Oben am Brückenkopf ein Parkplatz am Fluss – so etwas gibt es zwischen Bad Tölz und Geretsried nicht. Mag sein, dass dieser Abschnitt daher so friedlich und einsam ist.

 Eine geruhsame, einsame Halbtagestour ohne Umtragungen. Ohne Pausen auch binnen zwei Stunden zu absolvieren. Schwierigkeiten gibt es nicht – abgesehen von einigen spritzigen Abschnitten. Wildwasser I.

Beim Sandstein-Kliff unter dem Staubachhof Vorsicht vor Grundberührung (hoch liegende Riffe im Wasser).

Einsetz-Stelle: Nördlich von Bad Tölz an der Staumauer (rechts- oder linksseitig, dort Hinweisschild zur Kläranlage folgen, Parken am Fluss nur zum Bootsentladen erlaubt).

Aussetz-Stelle: Einöd optimal. Geretsried, Tattenkofener Brücke linksseitig (ca. 2,5 km vom/zum Ort). Wegen steiler, lehmiger Böschung weniger geeignet.

Rücktransport zum Auto: Taxi oder Autostop an der Hauptstraße St 2072 Ascholding-Tölz. - Öffentliche Verkehrsmittel: Buslinie, aber geringe Frequenz.

Vom Erlebniswert her etwas schwächer als der folgende Abschnitt, daher wird die Tour meist fortgesetzt bis Wolfratshausen. Oder bis München (noch 36 km), was geübte Kanuten ohne Pause an einem Tag schaffen. Bei hohem Wasserstand und höherer Fließgeschwindigkeit sogar ab Sylvenstein „in einem Rutsch": 76 km binnen 4 Stunden. Natur-Fans sollten sich mehr Zeit lassen.

Sehr angenehm: Kein Umsetzen bis Ickinger Wehr!

  Isarnahe Wander- und Radwege gibt es in diesem Bereich kaum. Und auch keine Wanderparkplätze.

Radfahrer weichen auf bequemer, gut markierter Route des *Isarradwegs* westlich aus. Die rechtsufrige Straße 2072 ist teilweise etwas eng, wurde immerhin bei der Tattenkofen jüngst für Radler verbessert.

Wanderer und MTB-Fahrer können die Nebenwege (Biker nennen sie neudeutsch: *Single Trails*) nahe dem linken Ufer benutzen. Die meisten besser passablen Wege sind ein paar hundert Meter von der Isar entfernt. Siehe unsere topographische Karte S. 225.

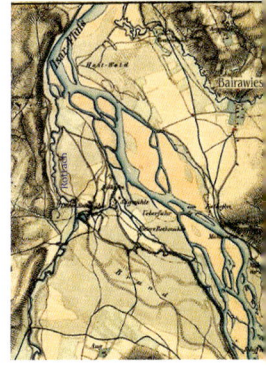

Weit gefächerter Ur-Fluss um 1860 bei Bairawies (knapp südl. von Einöd).
150 Jahre später auf nur einen Hauptarm reduziert.

Gar nicht so öde ...

EINÖD

Zwischen Bad Tölz und der Tattenkofener Brücke bei Geretsried passiert man einen kleinen, sympathischen Ort, der noch richtig „urig" wirkt. *Einöd* entstand wohl aus einem einsam gelegenen Einöd-Hof, mit zwei alten Sägewerken, die heute etwas modernisiert noch existieren. Daneben arbeitet noch die alte Grabenmühle südlich vom Ort. Es gibt einen Landgasthof (Abb. oben), dazu den kleinen Campingplatz direkt

an der Isar. Leider ist er überwiegend in der Hand von Dauercampern. Kanuten können direkt am Fluss idyllisch und rustikal zelten (x im Luftbild).

An dieser Stelle ist der Ufer-Auwald geöffnet, damit ist Einöd ideal als Kanu-Station: zum Aussetzen vom Oberlauf. Oder als Startpunkt Richtung Wolfratshausen und weiter nach München.

Nördlich von Einöd zweigt ein Sträßchen ab hinauf nach **Peretshofen.** (siehe topo-Karte S. 225). An klaren Tagen bietet sich von der Höhe ein tolles Panorama über die bayerischen Alpen und übers obere Isartal. Sollte man sich nicht entgehen lassen ...

Einöd von Süden, Richtung Tattenkofener Brücke.

**Tour 6: Einer der schönsten Abschnitte
zwischen München und Bad Tölz:**

*Ascholdinger Au und Wolfratshauser Forst, links Gartenberg.
Noch in topographischen Karten der 1960er-Jahre waren hier weit
verzweigte Flussarme verzeichnet. Vergleiche aktuelle topo-Karte Seite 227.*

*Heute gibt's nur noch den Isar-Hauptarm und Nebenarme, die sich aber
jährlich verlagern: 2009 brach die Isar rechts von der Bildmitte nordwärts
durch und legte den linken Arm trocken. Der Trend der Isar scheint
weg zu gehen von den Schlingen zur gestreckten „Ideallinie":
Diagonale von re. unten nach li. oben.   Dann schaun wir doch mal...*

ISARA ...

*Wilde Prinzessin, silbrig-grün,
geboren aus dem Felsgestein.
An deinem gischtverzierten Saum zu sitzen
lädtst du mich ein.*

*Ehrfürchtig schau ich dir nach
Und lausche deinem Raunen.
Wenn ich der Zeit gedenke,
die du schon vor mir warst,
so verlier ich mich in Staunen.*

*Du schlängelst dich von Ort zu Ort,
und meine Gedanken ziehen mit dir fort.*

*Immerzu möcht' ich an deinen Ufern weilen,
um im Traum mit dir
deine Täler zu durcheilen.*

*Ich seh' dich als lebendig Wesen,
wenn dein Flussgeist mich durchdringt.
Und kann in deinen Auen stets genesen,
weil meine Seele mit dir schwingt.*

*Du drückst und reißt und schiebst,
weil du deine Freiheit liebst.*

*Und wenn nach großen Wassern dann
bizarre Schönheit du hast neu geboren,
so hab zu meinem Tempel ich
dich ganz besonders auserkoren.*

Margot Reisinger

Touren-Pause auf
einer Gries-Kies-
bank. Kajaker und
Wanderer können
leicht auch leere
Ufer erreichen.

Kontrast zur stillen, freien Isar: Spritziger Trubel am Flaucher, München.

<u>Unten:</u> Ende der 1960er-Jahre ein weit
gefächerter Isar-Verlauf statt des heute
einzigen Haupt-Arms.

*Isar-Haupt-Arm
2009 trocken gefallen*

Einige Altwasser sind noch erkennbar im Auwald , der erst nach Bau
des Sylvenstein-Damms allmählich ab den 1970er-Jahren entstand.

GERETSRIED BIS WOLFRATSHAUSEN (9 km)

Wolfratshausen

Fluss-km 187 bis 178 = 9 km

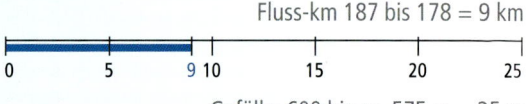

| 0 | 5 | 9 | 10 | 15 | 20 | 25 |

Gefälle: 600 bis ca. 575 m = 25 m

Allgemein: Ein relativ unberührter, aber dank des schönen Ambiente vergleichsweise stärker frequentierter Abschnitt der Isar mit mäßig dichter oder geringer Vegetation an den Ufern. Beliebte Teilstrecke bei Bootsfahrten Tölz-München.

Durchgehend „Naturschutzgebiet Isarauen", Reglement siehe Kasten 106f.

Ausgangspunkt: Einöd oder (ungünstiger) Tattenkofener Brücke P7, östlich von Geretsried.

Zielpunkt: Die *Marienbrücke* von Wolfratshausen. P2

Entfernung:
St2072 auf rechtem Ufer nach Ascholding St2073 nach Puppling (Großparkplatz P2) ca. 10 Kilometer Fluss-km 187 bis 178

= ca. 9 km. Die Flusskilometer-Schilder sind oft nicht zu erkennen.

Empfohlene Karte: Topogr. Karte *L8134 Wolfratshausen* 1:50000. **In unserem topo-Atlas Karte 6, S.227.** Kompass-Karte 180 bis München.

Tourencharakter: Ideal für Kajakfahrer. Einige Wander- und MTB-Wege in Flussnähe. Für Autofahrer: Zwischen Ascholding und Puppling 4 beschilderte Parkplätze. Kurze Zugänge zum Fluss. Achtung: Polizei geht rigoros gegen Falschparker am Straßenrand vor!

Wege: Staatsstraße St2072, ab Ascholding Straße St2073 (unscheinbarer Abzweig nach links!) rechtsufrig.

Unbefestigte Wanderwege in Isarnähe, markiert mit gelben Punkten.

Höhenunterschied: Tattenkofener Brücke bis Wolfratshausen nur noch 25 m (Gefälle durchschnittlich ca. 2,7 Promille).

Stützpunkte: Ascholding (1,5 km östlich, Gasthaus Lacherdinger), Geretsried, Gartenberg (westlich), Puppling bei P2: 2 Wirtshäuser mit Biergärten)

Blickrichtung Nordwest Richtung Wolfratshausen.

P7, P2 ? Parkplätze wurden für Notrufe u.ä. nummeriert, aber so richtig durchgesetzt hat sich das noch nicht.

Im Bereich der Tattenkofener Brücke macht es sich die Isar zunächst bequem, kommt aber gleich an einer Schwelle rauschend und gischtend zur Sache (schöne Kiesbänke rechtsseitig). Auch die folgende Linkskurve bei der Starkstromleitung ist nicht ohne, wie immer stark abhängig vom Wasserstand. Die Isar teilt sich hier, mal ist der rechte, mal der linke Arm reißender. Häufige Kenterungen!

Der Fluss geht unter die 600-Meter-

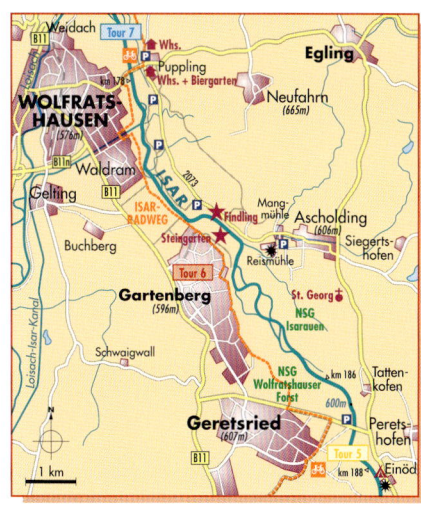

Marke. Bis zur Mündung muss die Isar noch 300 Meter runter, aber dafür hat sie ja noch gute 186 km vor sich (entspricht einem Gefälle-Schnitt von etwa 1,6 Promille, grob gerechnet ein Zehntel des Gefälles zwischen Ursprung und Scharnitz, siehe Tour 1).

Nach der Linkskurve wird der Wildfluss etwas breiter und damit behäbiger, geringere Strömung (außer bei Hochwasser). Links der *Wolfratshauser Forst* mit dicht bewachsenen Auwald-Ufer (siehe Luftbild Seite 114/15).

Vogelinseln von März bis 10. 8. zum Schutz der Brut bzw. der Eier bitte nicht betreten.

Schon Mitte September kann die herbstliche Laubfärbung einsetzen.

In Flussmitte einige Gries-Schotter-Inseln, rechts Kiesufer. Von hier bis zur Pupplinger Au (Tour 7) findet sich eine der wenigen Wildflusslandschaften Mitteleuropas. Naturbelassen, das heißt auch: Angeschwemmte Bäume werden nicht entfernt und werden für Boote zu gefährlichen Fallen (s. Praxisteil).

Mit offenen Kiesbänken ist der Bereich dieser Tour besonders urig-faszinierend.

Einige Inseln wurden zu Vogelinseln deklariert und dürfen vom 15. 3. bis 10. 8. zum Schutz von Bodenbrütern wie Flussuferläufer und Flussregenpfeifer nicht betreten werden. Die aufgestellten Schilder sind zwar teilweise vom Fluss aus nicht erkennbar, aber Flatterleinen sagen genug.

Eine andere nicht leicht zu befolgende Vorschrift besagt: „Nur den Hauptarm der Isar befahren!" Der ist aber nicht immer eindeutig erkennbar. Außerdem ändern sich die Strömungsrinnen nach jedem Hochwasser. Flussarme, die gestern noch Wasser führten, können morgen total von Geschiebe-Kies verlegt und trocken sein.

Nach zwei S-förmigen Kurven stößt die Isar aufs Steilufer beim Ort Gartenberg. Ab hier sind die Ufer bei gutem Wetter, an Wochenenden und während der Sommerferien sichtlich stärker frequentiert.

Fast wie in Alaska! Nur, dass an der Isar alles kleinräumiger ist. Für viele durchaus kein Nachteil.

Die Isar geht knapp einen Kilometer auf Nordkurs und trifft dann westlich von ASCHOLDING auf eine quer gelagerte Hügelwand, die wie Teil einer Gletscher-Endmoräne wirkt, aber viel älter ist. Hier mündet von rechts der *Moosbach* in die Isar, und nahe der Mündung tosen an einigen Felsen kräftige Schwälle, besonders bei erhöhtem Wasserstand.

Die meisten der Felsen im folgenden *Steingarten* sind Konglomerate oder große *Findlings*-Brocken aus Wettersteinkalk. Eiszeitgletscher transportierten sie im Eis hierher und ließen sie beim Abtauen fallen. Die Schleifkraft des Isarwassers hat sie in skurrile Formen verwandelt, manche wirken wie gigantische Tiere, man könnte sich darunter den *Wolpertinger* vorstellen, eine bayerische Fauna-Fiktion. Einige heißen *Elefantensteine*, doch scheinen die Namensgeber nicht

viel Ahnung von Dickhäutern gehabt zu haben, man darf also nicht zu viel erwarten. Beeindruckend sind die Felsen auf jeden Fall, zumal es solche am Fluss kaum noch gibt: Die Isar wurde für die Flößerei durch Sprengungen von Stein-Hindernissen „entkernt".

Im Steingarten rauscht und spritzt es, Kanuten sind beim Manövrieren ziemlich gefordert. Badende haben Spass daran und ein bisschen Abwechslung …

Als nächstes stellt sich der Isar der steinbewehrte Prallhang (Steilufer) des kaum sichtbaren Dörfchens GARTENBERG in den Weg. An einigen Gesteinsschichten treten kleine Quellen aus und tröpfeln – romantisch von Vegetation umhüllt – in den Fluss.

Weiterhin schöne Kiesbänke, als Folge davon viel Remmidemmi am Ufer. Hier erleichtern die beiden Großparkplätze P3 und P4 an der Straße Ascholding/Puppling den Zugang zum Fluss. Eine etwas ungute Begleiterscheinung des seit Jahrzehnten beliebten Nacktbadens sind die vielen Spanner, die sich im Auwald herumtreiben. Aber damit muss man heutzutage wohl leben.

Bei Fluss-Kilometer 180 folgt bei WALDRAM ein weiterer, etwas niedrigerer, aber ziemlich riskanter Prallhang. Das Wasser rauscht seitlich über eine Kiesbank und strömt heftig in eine relativ schmale Rinne, in der man u. U. mit Wucht gegen das linke Ufer getrieben werden kann (Foto im Praxisteil Seite 209). Hier sah

Der **Wolpertinger**, *ein Felsblock am Beginn des „Steingartens". Die unterschiedlichen Schleifspuren zeigen, dass der Fels ein paarmal von kräftigen Fluten gedreht worden ist.*

2008 ist er vom linken zum rechten (Ost-)Ufer „gewandert".
D.h.: Er blieb natürlich liegen, aber die Isar hat ihren Lauf nach Westen verlegt, hier rechts siehe Bild oben)

Wolpertinger *sind fiktive bayerische Urviecher (Vorsicht: Am liebsten fressen's gut genährte Preiß'n).*

Mehr dazu im **Wolpertinger-Museum,** Mittenwald.

Weichsandige Strände sind rar an der Isar; die Kiesflächen sind bei Sonnenanbetern sehr beliebt.

ich schon Profi-Kanuten kentern. Also: anschauen, im Zweifel lieber 10 m treideln und danach weiterfahren.

Zwei Flusskurven weiter rauscht es bei Fluss-km 179 wesentlich lauter: Von links tost mit mächtigem Gefälle der *Loisach-Isar-Kanal* in die Isar und gibt unserem Fluss einen Teil des zuvor bei Krün geraubten Wassers zurück (siehe Tour 2 und Abb. rechts oben). Nur mit dieser Rückgabe ist die Flößerei ab der folgenden Marienbrücke überhaupt möglich. Der Rest des zuvor abgezweigten Wassers kommt dann zusammen mit dem Nebenfluss Loisach am *Isarspitz* zurück, etwas nördlich von Wolfratshausen bei der Pupplinger Au (siehe folgende Tour).

Isarfahrten mit soliden Marken-Schlauchbooten sind für Anfänger besser als mit dem Kajak oder gar mit offenem Canadier-Kanu.

Vor einigen Jahren lag das Isar-Flussbett noch auf gleicher Höhe wie der Kanal oberhalb des künstlichen Katarakts! Ein deutliches Zeichen, wie sich die Isar in den

Grund „vertieft", also eingegraben hat. Wer sich für die Veränderung der Landschaft durch Erosion interessiert, kommt beim gleich darauf folgenden Steilhang der letzten Kurve noch einmal auf seine Kosten. Hier bohrt sich die Isar mit viel Wucht Jahr für Jahr immer mehr nach Norden (Abb. rechts). Langsam, aber sicher wird sie sich ein neues Flussbett schaffen und so das unschön begradigte Teilstück wenigstens teilweise ersetzen, das weiter westlich schnurgerade zur Marienbrücke führt. Von der Sitzbank auf dem Hochufer schöner Rückblick auf die Isar – ein idealer Platz für eine Pause vor Toressprich Touren-Schluss.

Loisach-Isar-Kanal und Isar lagen mal auf gleichem Niveau. Man erkennt, dass sich der Fluss ca. 3 m vertieft hat.

Eine Folge der Regulirung und des fehlenden Kies-"Geschiebes"

Im Bereich des Steilufers bildet sich oft ein starkes, gegen den Uhrzeigersinn drehendes Kehrwasser, von oben gut zu sehen. Der Wirbel ist nicht gefährlich, hat aber schon einige Canadier-Kanus zum Kentern gebracht und Schlauchboote mit Schwung an den Hang geschubst – manchmal mit einem Loch in der Bootshaut – Ende einer Ausflugsfahrt. Den halben Kilometer zur Brücke können Havarierte dann notfalls laufen.

Sichtbare Isarkraft: Der Fluss versucht, nach vorn ein neues Bett zu graben (an der letzten Biegung vor der Wolfratshauser Marienbrücke).

Ziemlich monoton geht's nach der letzten Rechtskurve dann rund 600 Meter weiter zur Wolfratshauser Marienbrücke (Fkm 178), wo man normalerweise rechtsufrig aussteigt; es geht auch links am Pegel.

 Kurze, aber mit Pausen sehr schöne Halbtagestour.

Relativ einfach (Wildwasser I) mit einigen Problemstellen: **Baumfallen** (unterspülte angetriebene Baumstämme, siehe Praxisteil), Prallhänge, Schwälle, besonders am „Steingarten" beim Ascholdinger Hügel. Zwei weitere Problemstellen siehe im Text.

Nichts für billige Badeboote!!

Einsetz-Stelle: Einöd. Oder 30 m unterhalb Tattenkofener Brücke, linksufrig. Steil! *P7* an Brücke.

Aussetz-Stelle: Unmittelbar hinter Wolfratshausener Marienbrücke, rechtsufrig. *P2* Puppling ist ca. 300 m entfernt. Ggf. Bootswagen mitnehmen. Gasthäuser: *Pupplinger* rechts) und *Aujäger* links, beide mit Biergärten.

Nach Wolfratshausen Rad- und Fußwege, ca. 1 km neben der Straße nach Westen.

 Radweg auf dem linken Ufer: Etwa in der Mitte der Zufahrt von Geretsried zur Tattenkofener Brücke nordwärts beschildert durch den Wolfratshauser Forst/Geretsrikder Aue. Nicht isarnah, bis Nordende Gartenberg neben bewohntem Gebiet. Danach deutlich schöner: Unbefestigt sowie isarnah via Waldram zur Wolfratshauser Marienbrücke.

Blickrichtung Nord: Letzter Abschnitt der Tour südl. der Wolfratshauser Marienbrücke (im oberen Viertel). Dahinter die Pupplinger Au.

Von der Tattenkofener Brücke **P7** nordwestwärts durch den Wolfratshauser Forst bis Gartenberg; nur anfangs isarnah. Fortsetzung wie Radweg s. o. — Etwas mühsamer teilweise isarnahe „wilde" Pfade auf dem rechten Isarufer nach Ascholding, siehe topografische Karte. — Viele Pfade von den Parkplätzen **P4** und **P3** zwischen Ascholding und Puppling, allerdings oft überfüllt und nicht unbedingt empfehlenswert.

Die Wanderwege im Naturschutzgebiet Isarauen sind nicht ausgebaut oder befestigt, besonders in Ufernähe bisweilen gefährlich unterspült! Zugelassene Pfade sind mit gelben Punkten markiert.

St.-Georgs-Kapelle auf dem aussichtsreichen „Bühel" südlich von Ascholding.

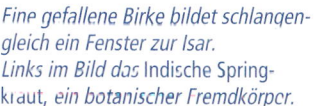

Eine gefallene Birke bildet schlangengleich ein Fenster zur Isar.
Links im Bild das Indische Springkraut, ein botanischer Fremdkörper.

Blaue Stunde an der Isar. *Kunst am Baum?*

Mittags-Stunde: Ruhe und Relax direkt an der Isar auf der Biergarten-Terrasse des „Bruckenfischers" bei Kloster Schäftlarn.

Natur fast pur

DIE PUPPLINGER AU
(3 km)

Fluss-km 178 bis ca. 175 = 3 km

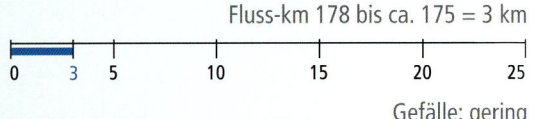

Gefälle: gering

Allgemein: Ein besonders schöner, aber sehr frequentierter Abschnitt der Isar mit mäßig dichter, wunderschöner Vegetation an den Ufern. Äußerst beliebte Teilstrecke bei Bootsfahrten Tölz-München. Durchgehend *Naturschutzgebiet Isarauen*, Reglement s. S. 106/107.

Ausgangspunkt: Die *Marienbrücke* von Wolfratshausen/Nantwein.

Zielpunkt: *Isarspitz*, Loisachmündung (für Bootsfahrer kein idealer Abschluss, daher weiterfahren siehe Tour 8).

Entfernung: Puppling (Großparkplatz) bis Ickinger Wehr ca. 3 Kilometer Fluss-Kilometer 178 bis 175 = nur ca. 3 km. Die Fluss-kilometer-Schilder sind im weiten, oft verlagerten Flussbett meist nicht zu erkennen.

Empfohlene Karte: Topogr. Karte *L 8134 Wolfratshausen* 1 : 50.000. **In unserem topo-Atlas Karte 7, S.228** Kompass-Karte 180 bis München, mit Lexikon.

Tourencharakter: Leicht. Ideal für Kajakfahrer. Umtragung beim Ickinger Wehr! Wander- und Rad-Wege in Flussnähe, zum Teil befestigt und beliebt bei Skatern.

Für Autofahrer: Die schmale Forststraße durch die Pupplinger Au von Puppling zur Aumühle ist an Wochenenden und Feiertagen für Kfz gesperrt! Nur Parkplatz **P2** bei Puppling bzw. an der Aumühle. Kurze bzw. längere Zugänge zum Fluss. Achtung: Polizei geht rigoros gegen Falschparker am Straßenrand vor, besonders an der Forststraße. Dort keine legalen Parkmöglichkeiten im NSG!
Das Werkssträßchen Puppling - Ickinger Wehr ist total gesperrt für Kfz (Radler- und Skaterparadies).

Wege: Rechtsufrig. Unbefestigte Wanderwege in Isarnähe. Zugang zum Isarspitz von Wolfratshausen aus

Höhenunterschied: Nur geringes Gefälle.

Stützpunkte: Puppling (2 Wirtshäuser mit Biergärten), *Aumühle* (2 km nordwestlich der Pupplinger Au).

Pupplinger Au mit Altwassern und z. T. zugewachsenen Flussarmen (von Süden).

Nördlich der Wolfratshauser *Marienbrücke* zeigt sich die Isar noch ein paar hundert Meter wie kanalisiert.

Auf dem linken Ufer direkt neben der Brücke ein Startplatz der Gaudi-Flöße nach München, Start frühmorgens. Information/Telefonnummern im Anhang. – Andere Flöße starten in der Loisach am Nordrand von Wolfratshausen.

Nach dem etwas monotonen Start im begradigten Fluss (bei klarer Sicht Alpen-Rückblick) beginnt bei Fluss-km 176 der Kiesstrand der Pupplinger Au, seit den 1970er-Jahren ein extrem beliebtes Nacktbade-Paradies. Und wie! Man kann an schönen Tagen wirklich von einem Ansturm sprechen, den die Natur kaum verkraftet.

Die Isar gabelt sich in mehrere Arme, die sich Jahr für Jahr ändern, ebenso wie die schönen Kies-Inseln dazwischen. Eine der Inseln ist zur Vogelinsel ernannt worden und darf vom 15. 3. bis 10. 8. nicht betreten werden, Schilder weisen darauf hin, und das Gebiet wird von Isar-Rangern und vom Landesbund für Vogelschutz überwacht. Es gibt aber genügend Alternativen zum Baden und Relaxen.

Im nördlichen Bereich der Pupplinger Au finden sich auf alten, seit

Pupplinger Au von Norden mit Loisach-Mündung und Wolfratshausen. Im Vordergrund das Ickinger Wehr und der Ickinger See, ein Altwasser der Isar.

Jahrhunderten nicht mehr von Hochwasser überspülten Kiesbänken wunderschöne **Föhren-/Kiefernwälder,** schon optisch eine herrliche Alternative zum sonst eher üblichen Auwald aus Weiden und Erlen. Wanderungen vom Fluss ins östliche Hinterland lohnen sich hier besonders. Die Vegetation ist abwechslungsreich, einige Arten sind sehr selten. Das gleiche gilt für einige rare, schillernde „Prachtkäfer". Hier (wie im gesamten Naturschutzgebiet *Isarauen*) gilt natürlich to-

Von Schlederloh-Hoch-ufer nach Süden: Isar mit der Alpenkette östlich des Isartals.

tales Verbot, Pflanzen zu pflücken oder auszugraben. Das wirkt allerdings paradox, wenn mit schwerem Gerät Kieswälle am Isarufer aufgeworfen werden, um den Hauptarm für die Gaudi-Flößerei zu stärken – was dabei alles kaputtgeht...

Die Isar rauscht nun auf den dunklen, schroffen Schlederloher Steilhang zu.

Ab hier schwenkt der Fluss auf Nordnordost-Richtung, auch eine Folge der Eiszeit: Dominierend im mächtigen *Loisach-Isar-Gletscher* war der Eisstrom von der heutigen Zugspitze (ein mickriges Relikt ist der *Schneeferner* auf dem Zugspitzplatt). Vom starken Hauptstrom wurde der etwas schwächere östliche Gletscher-Teil aus dem Karwendel seitlich Richtung Nordosten abgedrängt. Man muss sich vorstellen, dass die Isar im Verlauf der Eiszeiten oft ihr Bett gewechselt hat! Schon am Nordrand der Alpen könnten ihre unstabilen Fluss-

An der Pupplinger Au mit Föhrenwald im Hintergrund.

arme im Raum des heutigen Tölz zeitweise nordost-wärts verlaufen sein, übers heutige Reichersbeuern.

Im Bereich der folgenden Tour werden wir die Isar im Durchbruch der *Endmoräne* dieses Riesen-Gletschers begleiten, durch die Schotter-Girlande, die der Eis-„Fluss" vor sich her geschoben hatte. Der Moränen-gürtel führte zur Aufstauung des großen Wolfratshauser Sees, der größer gewesen sein soll als sein westlicher Nachbar, der Starnberger See. Nachdem sich die Isar einen Weg durch den Schotterdamm gegraben hatte, lief der See leer und hinterließ das breite, nahezu ebe-ne Becken um Wolfratshausen und Königsdorf.

Der kleine Ort SCHLEDERLOH auf dem westlichen Hoch-ufer zwischen Wolfratshausen/Dorfen und Icking liegt etwas östlich der B11. Er glänzt mit einem wunderba-ren Panorama über die Pupplinger Au, auf die Isar im Süden und auf die Alpenkette.

Hier lohnt sich ein Abstecher besonders. Leider ist die aussichtsreiche Hochufer-Kante ziemlich verbaut und durchgehend privat. Es gibt jedoch einen kleinen Wan-derweg hinunter zur S-Bahn und dann rechts haltend zum Aussichtspunkt *Lechner-Ruhe*, mit Gedenkstein für Th. Lechner, einen Erschließer des Isartals.

Sehr ruhig: Pupplinger Au im Schnee.

Ideal für Winter-Spa-ziergänge.

Eine Pionierpflanze hat im kargen Ufer-geröll Fuß gefasst.

Die Loisach (li.) gibt der Isar bis zum Ickinger Wehr das letzte bei Krün geraubte Wasser zurück (siehe Tour 2). Rechts die Pupplinger Au.

Auch eine Reise wert:

DIE LOISACH

EXKURS

Unter dem Schlederloher Steilhang mündet am *Isarspitz* die Loisach in die Isar, ein etwa 110 km langer Isar-Nebenfluss, der in Österreich unterhalb des Fernpasses entspringt, 11km westlich der Zugspitze. Bis Garmisch zum Teil schweres Wildwasser bis Schwierigkeitsgrad IV. Ab dem Garmischer Talkessel dann schlagartig nur noch Wildwasser I, gut zu machen – auch für Anfänger.

Die Loisach wirkt auf langen Strecken weniger urig als unsere Isar. Die Ufer sind oft verbaut oder genutzt, aber zum Ausgleich ist der Fluss viel weniger frequentiert als die Isar. Noch recht ursprünglich ist der Abschnitt Ohlstadt – Murnau – Großweil. Hier muss ein Wehr umtragen werden; mutige Schlauchbootfahrer können es eventuell im Mittelteil befahren.

Östlich von Großweil sind alte Betonwehre entfernt, nun raue Stein-Rampen. Danach durchquert die Loisach den Kochelsee und ein langes einsames Moorgebiet. Eine Halbtages-Tour wert ist der Schlussteil von Beuerberg/Eurasburg bis kurz vor Wolfratshausen. Zwei Wehre, umtragen. Ausstieg am besten bei der südlichen Umgehungsstraße, danach wegen des Wehrs ein Rückstau im Ort.

Bei niedrigem Wasserstand nach langer Trockenheit wirkt das Loisach-Wasser wegen diverser Belastungen unangenehm, dann ist die Tour nicht ratsam.

Ein anderer Weg führt zur *Weißen Wand,* ebenfalls mit fantastischem Blick – wohl einer der schönsten Punkte in diesem Bereich. An klaren Tagen zeigt sich die Alpenkette von Wendelstein und Wallberg im Osten über Tegernseer Berge und den Isar-Einschnitt bis zur Benediktenwand.

 Der kurze Abschnitt von der Wolfratshauser Marienbrücke zum Ickinger Wehr ist zwar besonders schön und weitgehend unreguliert (abgesehen von einigen neuen Kieswällen), aber es gibt keine gute Aussetz- bzw. Rücktransport-Möglichkeit. Vom Ickinger Wehr flussabwärts musste dann meist der langweilige, langsam fließende Kanal zumindest bis zur *Aumühle* benutzt werden (siehe folgende Tour 8). Für Kanuten ist diese kurze Etappe weniger empfehlenswert als Tour 5 + 6.

Mit Übung und richtiger Ausrüstung ist eine Kajaktour unproblematisch und macht riesigen Spaß.

Ebenso reizvoll wie das Isarufer ist der wunderbare Wald der Pupplinger Au.

Gute Alternative: Neuerdings kann man am Ickinger Wehr auch links umtragen und halbwegs passabel in der „freien Isar" weiterfahren bis zur Dürnsteiner Brücke (Bruckenfischer) mit großem Parkplatz linksufrig.

  Weil die Werksstraße zum Ickinger Wehr samt Abzweigungen durch die Pupplinger Au für Kfz gesperrt ist, bietet sich diese Tour besonders für Radler und Skater an (Teil des Isar-Radwegs). Auf der östlicheren Verbindung Puppling-Aumühle nur werktags mäßiger Kfz-Verkehr, aber auch ideal für Radler. Besonders bei Skatern beliebt! Beide Straßen lassen sich zu einer Rundtour von/zum Parkplatz *P2* Puppling verbinden.

 Viele Wanderwege im *Naturschutzgebiet Isarauen* sind nicht ausgebaut oder befestigt (besonders in Ufernähe teilweise gefährlich unterspült). Zugelassene Pfade sind mit gelben Punkten markiert. Vom 15. 3. bis 15. 10. Wege-Gebot, d. h.: die Wanderwege dürfen zum Schutz der Natur nicht verlassen werden.

Perfekt mit Schutzhelm und Neopren-Wärmeschutz ausgerüsteter Kajaker. Dürfte vielen für die Obere Isar etwas „overdressed" erscheinen, ist aber optimal.

Pupplinger Au von Süden nach Norden. Eine noch halbwegs erhaltene Flusslandschaft mit mehreren Armen. Seitenwege laden zum Radeln ein.

Natur & Technik & Kultur

VOM ICKINGER WEHR NACH KLOSTER SCHÄFTLARN

Ickinger Wehr: Nicht mehr benutzte Floßgas

Fluss-km 174 bis 169,5 = 4,5 km

Gefälle: 567 bis ca. 555 m = 12 m

Allgemein: Am Ickinger Wehr, dem ersten einer ganzen Reihe, wird die Isar geteilt: Westlich die „alte" odr „freie" Isar, die nur bei höherem Pegel ausreichend Wasser bekommt und durch die *Ickinger Au* strömt. Östlich der Isarwerkskanal, der flussab bei Mühlthal zur Energieversorgung genutzt wird sowie für die Flößerei (im Text meist kurz „Kanal" genannt). – Wie ein Fremdkörper dazwischen: Der Ickinger Altwasser-See zwischen Wehr und Aumühle. Weitgehend *Naturschutzgebiet Isarauen*, Reglementierungen siehe Kasten S. 106/107. Der Kanal verläuft großteils im äußeren Landschaftsschutzgebiet.

Ausgangspunkt: Pupplinger Au/Isarspitz (Loisachmündung bzw. Ickinger Wehr).

Zielpunkt: Brücke Dürnstein (Wirtshaus Bruck(en)fischer). Parkplätze bei Aumühle und Bruckenfischer/Schäftlarn (**P1** Westufer, ca. 200 m).

Entfernung: Straße auf rechtem Ufer via Aumühle: ca. 4,5 Kilometer Fluss-Kilometer 174 bis 169,5 = 4,5 km. (Der Kanal hat eigene Kilometrierung)

Empfohlene Karte: Topograph. Karte *L 8134 Wolfratshausen* 1 : 50.000. **In unserem topo-Atlas Karte 8, S.229** Kompass-Karte Nr. 182 bis München, mit Lexikon.

Tourencharakter: für Kajakfahrer sehr einfach, keine Umtragung mehr ab Ickinger Wehr. - Im Kanal eher monoton. Ideale Tour für Wanderer, Radler, Skater.

Wege: beidseitig am Werkkanal, befestigt, für Radler und Fußgänger.

Für Autofahrer: Forststraße zwischen Puppling und Aumühle (an Wochenenden und Feiertagen gesperrt!) sowie Sträßchen neben dem Kanal bis Bruckenfischer (frei). An Wochenenden muss weit ostwärts ausgeholt werden: St 2971 Richtung Deining, St 2071 Egling (evtl alternativ schmales Sträßchen Töl 21 Richtung Neufahrn), dann St 2070 Puppling bzw. Gegenrichtung. Schöne Blicke aufs Gebirge – so es das Wetter zulässt.

Höhenunterschied: Ickinger Wehr bis Schäftlarn ca. 12 m (Gefälle durchschnittlich nur noch ca. 2,5 Promille).

Stützpunkte: *Aumühle* (Gasthaus, Biergarten unterm Damm des Kanals). *Bruckenfischer* (Gasthaus, Biergarten, sehr schön direkt am Fluss!). Kloster Schäftlarn (Großgaststätte, urig; großer Biergarten beim Kloster).

Nächstgelegener Ort: Hohenschäftlarn auf dem Hochufer, 4 km von der Isar.

Blick nach Süden zum Ickinger Wehr mit Ickinger See. Auf dem Kanal mit Aumühle-Steg Gaudi-Flöße. Rechts die freie Isar.

Nachdem die Isar beim „Isarspitz" ihren westlichen Nebenfluss *Loisach* aufgenommen hat (nennenswerte östliche Zugänge sind so gut wie nicht zu verzeichnen), flutet sie in einem von den Wasserbauern künstlich gestalteten Bett dahin: Breit und behäbig, wie ein richtiger großer Fluss! Mächtig, doch nicht natürlich. We es hier früher wohl aussah? Siehe historische Karte S. 228 unten.

Gleich geht's der Isar wieder an den Kragen! Das nostalgisch wirkende Ickinger Wehr aus den 20er-Jahren des letzten Jahrhunderts dreht ihr den Saft ab. Nur eine Restmenge gelangt ins alte Isarbett. Das hatten wir ja schon mal in Tour 2 beim Krüner Stausee.

Meist zeigt der Wegweiser am Wehr nach rechts: Man wird in den parallel zur Isar verlaufenden Kanal geleitet, mit einem angenehm kräftigen Schwung auf das eher langweilige künstliche Wasserband entlassen. Bei hohem Wasserstand ist die Weiterfahrt auf der Isar

Ickinger Wehr aus den 20er-Jahren, noch im Originalzustand. Mit einer „Fischtreppe" für Fisch-Wanderungen.

unterhalb des Ickinger Wehrs viel interessanter. Neuerding kann es auch zu normalen Zeiten gehen, denn die Wasserabgabe in die freie Isar wurde erhöht.

Im Kanal: Isara – „die Rasche"? Man dümpelt mit dem trägen Wasser dahin, beobachtet die flotten Rennradler und die Skater hoch droben auf dem rechter Hand begleitenden Teersträßchen (Isar-Radweg) vor dem Hintergrund des Auwaldes. Dort oben tut sich wenigstens etwas ...

Klar, Labsal für die Seele ist so ein stilles, geradliniges Wasserband schon (Bild rechte Seite). Aber ist es das, was man an der Isar sucht?

Man kann auch links an der Kanalböschung anlegen: Drüben, jenseits des Damms, ein paar Schritte nur, wartet der **Ickinger See** zwischen Kanal und Isar. Bade-

An Wochenenden und in den Sommerferien herrscht hier totales Remmidemmi.

Hinten der Steg bei der Aumühle.

Fans machen sich am Ufer breit, doch nur ein Teil am Ostufer ist freigegeben, der Rest verbleibt den Vögeln.

Am Ostende des Sees verlässt der Kanal das Naturschutzgebiet. Voraus taucht ein Holzgebilde auf, das den Kanal überspannt: Der Fußgänger-Steg beim Wirtshaus *Aumühle* mit Fischteichen, die von klaren Bächen aus der Pupplinger Au gespeist werden. Speisen kann man hier unter Kastanien, wie es sich gut bayerisch gehört. Der nahe Parkplatz stört nicht.

Weiter geht's, sanft um eine Kurve. In eisiger Vorzeit hatte hier der *Isar-Loisach-Gletscher* seine vorderste Front und gewaltige Schuttmassen angehäuft. Erst später hat die Isar diese natürliche Staumauer durchbrochen und das heutige Tal gebildet (siehe Tour 7).

Dann spannt sich die *Dürnsteiner Brücke* über den Kanal, eine schmale allerdings. Autofahrer sollten sie nicht mit zu viel Elan angehen, denn zwei nebeneinander passen nicht gut drauf.

Wer die Bootstour nicht an der Aumühle beendet hat, kann hier aussteigen. Zumindest eine Pause ist das nahe Wirtshaus **Bruckenfischer** wert: Sehr idyllischer

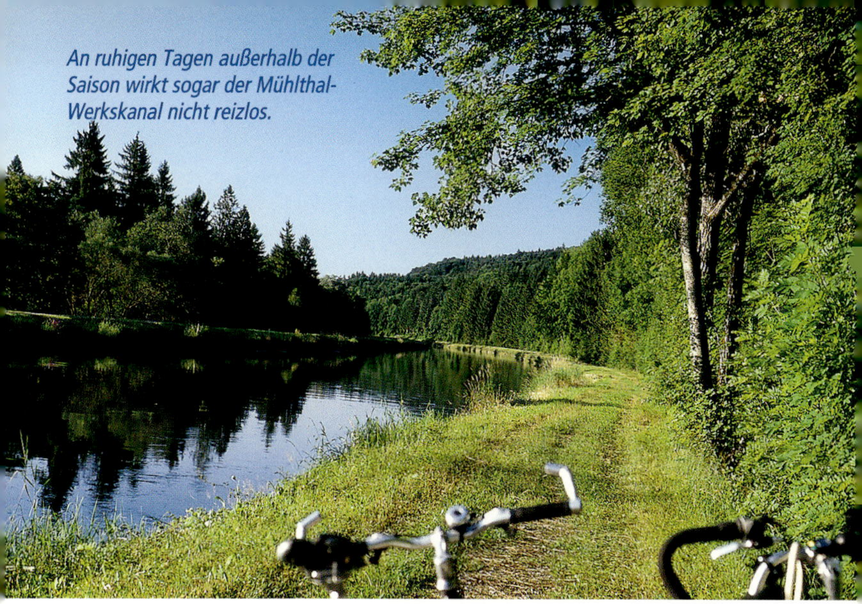

An ruhigen Tagen außerhalb der Saison wirkt sogar der Mühlthal-Werkskanal nicht reizlos.

Biergarten, hier mal unmittelbar über der Isar-Kiesbank. Klasse! Mittags unter der Woche relativ ruhig, optimal für Relax.

Ein paar Schritte über die recht neue Isarbrücke, die eine frühere Holzbrücke ersetzt, ausladend und modern, wohl für eine breitere Straße vorgesehen, die man hier vor Jahren mal geplant hatte. Ein totales Gegenstück zum vorherigen Dürnsteiner Brückchen über den Kanal (siehe Luftbild rechts).

Renaturiertes Isarufer und Auwald an der Dürnsteiner Brücke, mit dem Gasthaus **Brukkenfischer** *zwischen Isar und Kanal.*

Links, im Westen, die Parkplätze und Allee zum Kloster Schäftlarn, kaum 1 km entfernt.

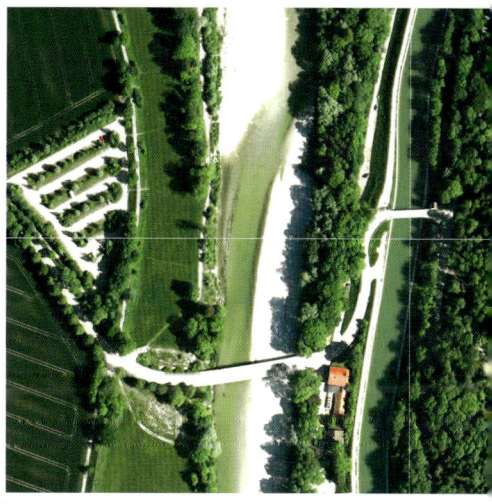

Das linke Isarufer wurde in den letzten Jahren renaturiert. Die Blöcke der einstigen Uferverbauung hat man entfernt, große Kiesflächen lassen der Isar bei Hochwasser mehr Platz. Und natürlich den Besucherscharen, die die wiedergewonnene Fluss-Freiheit auskosten. Heitere, familiäre Stimmung, im Gegensatz zu einigen überlaufenenAbschnitten südlich der Wolfratshauser Marienbrücke. – Der einstige Parkplatz an der Isarbrücke (im obigen Luftbild noch erkennbar) wurde 2003 aufgelassen. Neuer großer Parkplatz ca. 100 m links Richtung Kloster Schäftlarn.

Einst verborgen im Isartal – heute top-Ausflugsziel

KLOSTER SCHÄFTLARN

Einen Kilometer von der Dürnsteiner Isarbrücke Richtung Westen erhebt sich der beeindruckende Bau des Klosters SCHÄFTLARN vor den bewaldeten Hängen des Hochufers. Die westwärts weiterführende Straße hinauf zum Ort Hohenschäftlarn hat mit ihren Kurven und Kehren fast alpinen Charakter.

Schäftlarn steht ein wenig im Schatten renommierter Klöster wie Andechs überm Ammersee oder Ettal bei Oberammergau. Aber beliebt ist es dennoch, vielleicht auch der nahen Isar wegen. Der große Schäftlarn-Biergarten ist an schönen Tagen jedenfalls immer gut besetzt.

Ins Kloster selbst verirren sich eher wenige. Dabei ist es – wie die anderen Klöster - eine Wiege bairischer Kultur und Zivilisation. Die Mönche waren nicht nur für ihr gutes Bier bekannt, nach dem Bayerischen Reinheitsgebot nur mit Hopfen, Malz, Hefe und Wasser zubereitet. Sie betreuten auch gute Schulen, und so ist die Klosterschule von Schäftlarn noch heute im Münchener Umkreis recht bekannt.

Das Kloster entstand in diesem abgeschiedenen Winkel bereits um 762, also rund 400 Jahre vor der Gründung Münchens! In der heutigen Form ist es ein Meisterwerk des Spät-Rokoko. Die Klosterkirche sollte man sich schon anschauen, nicht nur das urige Kloster-Bräustüberl.

 Alternative zum Kanal: Tour in der freien, teilweise renaturierten Isar, Fluss-km 174-169,5. Nur bei ausreichend hohem Wasserstand. Vor dem Ickinger Wehr linksseitig anlanden. Befahren der (nicht mehr von Flößen benutzten) Floßgasse ist nicht erlaubt! Die folgende 4,5km-Bootsfahrt nach Schäftlarn ist völlig problemlos.

Der Weg zurück zum Fahrzeug (z.B. nach Puppling, Geretsried oder Tölz) ist an Wochenenden wegen der dann für Kfz gesperrten Forststraße durch die Pupplinger Au sehr mühsam. An Werktagen kann man – mit hinreichend (!) Geduld gewappnet – ganz gut von Schäftlarn oder von der Aumühle zum Fahrzeug zurücktrampen. Ein Paddel unterm Arm signalisiert: „Hier will ein Sportler mitgenommen werden." Dies Accessoire hilft ungemein. - Wer ein Auto vor der Tour hier geparkt hat, muss an Wochenenden ostwärts ausholen, um zum 2. Auto zu gelangen. Werktags darf das Sträßchen durch die Pupplinger Au benutzt werden.

  Zwei schmale asphaltierte Sträßchen bilden den Rahmen: Der Forstweg durch die Au nach Puppling und die Werkstraße neben dem Kanal, beide auf dem rechten (Ost-)Ufer. Für alle Arten von Fahrrädern – und natürlich ein weites Feld für Skater. Angenehm auch die Wege auf dem Landstreifen zwischen Isar und dem Kanal sowie der Weg auf der Westseite der Isar. Insgesamt zeigt sich das alles jedoch nicht so naturnah wie weiter im Süden. Einige ungeteerte Querwege führen durch die wunderschöne Pupplinger Au, – für MTB, aber auch mit normalen Touren-/Trekking-Rädern gut machbar.

Alternativ gibt es auch linksufrige Wege vom Ickinger Wehr flussab oder durch den Auwald (Gregori-Weg via Icking). Ein weites Feld...

Aumühle: Oben der Steg zu den Wander- und Radwegen zwischen freier Isar (links) und Mühlthal-Kanal. Darauf einige dahin dümpelnde Gaudi-Flöße.

Isar-Wander-Lehrpfad

Schäftlarn – Mühlthal

Neu ist ein „interaktiver Erlebnis-Pfad" zwischen Kloster Schäftlarn und Kraftwerk Mühlthal. Sinneserfahrungen werden mit Wissen über Natur, Technik und Kultur verbunden. Daher gibt's drei eigenständige Themen-Routen:

Isar Natur: Lebensraum für Fische.

Unter Technik werden die Wasser-Kraftwerke erläutert.

Die Rolle des Klosters kommt auch nicht zu kurz.

Infotafeln dazu am Ostrand des neuen Dürnsteiner Parkplatzes.

Pupplinger Au mit Benediktenwand im Hintergrund.

Die Isar kann unglaubliche Heiterkeit ausstrahlen und vermitteln.
Wenn das Wetter jedoch plötzlich umschlägt, sieht alles nicht
mehr so rosig aus ...

Isar beim Georgenstein.

Natur-Refugium vor den Toren der Großstadt:

VON SCHÄFTLARN NACH GRÜNWALD

Fluss-km 169,4 bis 160 = 9,4 km

| 0 | 5 | 10 | 15 | 20 | 25 |

Gefälle: ca. 555 bis ca. 530 m = 25 m

Allgemein: Letzter, großteils sehr naturnaher oder renaturierter Abschnitt vor der Landeshauptstadt München. Anfangs fließt die Isar noch neben dem weiter östlich verlaufenden Werkskanal des Mühlthaler Kraftwerks. Dann eine besonders schöne, naturbelassene Etappe mit dem Inselfelsen des *Georgensteins*, zuletzt ab Baierbrunner Wehr wieder Isar und linksseitige Ableitung des Kanals bis München.

Ausgangspunkt: Brücke Dürnstein (Wirtshaus Bruck(en)fischer)

Zielpunkt: Neue Brücke zwischen Pullach-Höllriegelskreuth und Grünwald

Entfernung: Staatsstraße auf rechtem Ufer via Straßlach: ca 11 Kilometer. Die alte Brücke über den Kanal hat Tragfähigkeit bis 12 Tonnen, was auch für schwere Wohnmobile ausreicht.
Auf dem linken Ufer B11 via Baierbrunn bis Grünwald: 13 km
Fluss-Kilometer 169,4 bis 160 = 9,6 km.

Empfohlene Karte: Topogr. Karte *L 8134 Wolfratshausen* 1 : 50.000, dann *L 7934 München.* **Beide in unserem topo-Atlas Karte 8, S.229** – Kompass-

Karte Nr 180.

Tourencharakter: Für Kajakfahrer sehr einfach mit nur einer Boots-Umtragung. Linksufrig Wander- & Rad-Weg, zum Teil etwas mühsam. Rechtes (Ost-)Ufer schwieriger. Landschaftlich sehr schön!

Für Autofahrer: Schäftlarner Berg (sehr kurvig!) hinauf nach Hohenschäftlarn, 3 km. Dann auf B11 auf dem westl. Hochufer nordwärts nach Baierbrunn, Grünwald, München. Alles weit ab vom Fluss.

Wege: Nördlich von Schäftlarn Naturpfad, Vorsicht notwendig, ab Wehr beim Baierbrunner Kraftwerk schmal asphaltiert, kein Kfz-Verkehr! Sehr ufernah z. T. schwierige Trampelpfade auf dem Westufer.

Höhenunterschied: Schäftlarn bis Grünwald ca. 25 m (Gefälle durchschnittlich ca. 2,4 Promille).

Stützpunkte: Schäftlarn *Brückenfischer* (sehr schönes Wirtshaus mit Biergarten am Isarufer); *Kloster Schäftlarn* und im Ort Hohenschäftlarn. – Gasthaus *Zur Mühle* am Kanal (von der freien Isar aus schwer zu erreichen!). Dann bis Grünwald *(Brückenwirt)* im Tal null Infrastruktur.
Grünwald: Brückenwirt direkt am Kanal.

Öffentl. Verkehrsmittel: Bushaltestelle Grünwald: Westwärts an Brücke Ost. Ostwärts an Brücke West

Taxi für Rückfahrt nach Schäftlarn (für Rückholung Kfz): 20 Euro. Taxi-Telefonnummern im Anhang.

Bester Familien-Radweg auf dem linken Ufer oder rechtsufrig auf dem Hochplateau. Für MTB-Abenteurer auch isarnah.

Anfangs gehen Isar und östlich verlaufender Werks- kanal logischerweise getrennte We- ge, wobei die Isar im Zuge der Re- naturierung samt Mehr-Einleitung beim Ickinger Wehr genügend Was- ser haben müsste für eine Bootstour, siehe Tour 8.

Flöße und Kajaker auf dem Kanal gehen am Kraftwerk Mühlthal (Luft- bild unten) nochmals getrennte We- ge: Erstere benutzen die mit 360 Metern sehr lange *Floßgasse* (eine Art Wasserrutschbahn durchs Wehr) und rauschen mit spektakulären 40 km/h ins Unterwasser. Der Höhen- unterschied beträgt 17 Meter. Das sollten Sie sich ansehen. – Kanuten müssen linksseitig umtragen. Zum Lohn darf man eine Halbe Bier beim nahen Wirtshaus *Zur Mühle* durch die Kehle rinnen lassen.

Schon nördlich der Dürnsteiner Brücke (Schäftlarn) hat sich das Bett der „freien Isar" in den letzten Jahren verändert. Bei der Konzessionsverlängerung für das Mühlthaler Kraftwerk wurden die Isar-Amper-Werke (heute *e-on*) dazu verdonnert, Renaturierungsmaßnah-

Natur und Technik: Das Kraftwerk Mühlthal mit der längsten Floßgasse Europas: 360 m! (oben rechts im Luftbild).

Links die völlig naturbe- lassene Isar.

ISAR 143

men durchzuführen. 47.000 (!) Tonnen Beton wurden entfernt oder zerkleinert dem Fluss als Geschiebe zugeführt. So entstand auf 7 km Länge wieder eine naturnahe Flusslandschaft.

Das tief in die bayerische Schotterebene eingeschnittene Isartal wird nördlich der Schäftlarner Talweitung allmählich etwas enger, die Isar nähert sich dem alten Steilufer im Westen. Einige schöne, vegetationsfreie Kiesbänke sind nur vom Boot aus leicht zugänglich. Wandern nah dem linken Ufer ist streckenweise möglich, aber sehr mühsam! Auch Mountain-Biker tun sich schwer und müssen schon mal schultern. Der „richtige" Rad-/Wanderweg, der an der ersten Kehre des Schäftlarner Bergs beginnt, verläuft im Südteil weit vom Fluss entfernt. - Auf dem rechten Ufer geht's ab Mühlthal bequem übers Hochplateau via Straßlach-West. Talwege auf re. Ufer bis Grünwald sind sehr mühevoll!

Frühjahrs-Stimmung oberhalb des Georgensteins. In diesem Bereich bis zum Baierbrunner Wehr hat die Isar ausnahmsweise ihr volles Wasser ohne Kanal-Ableitung. Sollte man auskosten.

Insel-Fels im Abseits:

GEORGENSTEIN

Bei Fluss-km 164,8 mündet von rechts der Mühlthaler Werkskanal ein. Von hier bis km 162,5 **dürfen sich die Isar und wir noch einmal am Vollbesitz ihres Wasser freuen,** das ihm ab Baierbrunner Wehr teilweise wieder entzogen wird. Der nächste Kanal verläuft links der Isar und bleibt dort bis zum südlichen München-Vorort Thalkirchen.

So weit sind wir aber gottlob noch nicht. Im letzten richtig freien Bereich der Isar können Kanuten, Radler aller Kategorien und Wanderer an einem Stück natürlicher Flusslandschaft Rauschen und Plätschern genießen.

Und das sollte man auch auskosten – zu den Brutzeiten jedoch nicht auf den Kiesinseln (siehe Verbotstafel am rechten Ufer).

Highlight dieser Tour ist der **Georgenstein**, eine Felsinsel mit glatter Südflanke und St-Georgs-Statue auf der Spitze. Früher ragte der Fels mitten im Fluss auf und war natürlich ein Schreckgespenst für die professionellen Fracht-Flößer vergangener Zeiten, die dem Klotz mühsam ausweichen mussten. Für heutige Touristen-Flösse hat man das Flussbett etwas nach Westen verlagert, so dass der Georgenstein bildlich gesehen nach Osten ins Abseits „gerutscht" ist. Zu allem Überfluss hat man ihn durch einen unschönen Steindamm mit dem Ufer verbunden, wohl um die Strömung flößergünstig zu verändern. Doch damit hat der Stein seinen Inselcharakter verloren, zumal sich häufig Treibholz am Damm verfängt.

Macht nichts – anderswo hat man sich schlimmer an der Isar versündigt. Also legt man sich aufs kiesige Ufer und stellt sich einfach vor, wie es war, als die Flöße, die „Brummis der Flüsse" vorüberzogen, schwer mit den Schätzen Norditaliens und der Berge beladen.

Fußweg zum Felsen: Von Baierbrunn-Buchenhain auf dem linken Hochufer ist der Georgenstein leicht per pedes zu erreichen und von oben auch zu sehen, wenn man einen Durchguck im Laubwald findet (Abb. links). Der halbwegs gut ausgebaute, steile Pfad beginnt beim Parkplatz südlich der Unterführung. Im Nagelfluh-Konglomerat sind heute noch hoch droben eins-

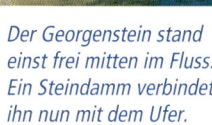

GEFÄHRLICHE KEHRSTRÖMUNG BEIM GEORGENSTEIN! Bei Tauchen und Hineinspringen besteht Lebensgefahr! Landratsamt München

Der Georgenstein stand einst frei mitten im Fluss. Ein Steindamm verbindet ihn nun mit dem Ufer.

Unten: Als die Karte ca. 1850 gezeichnet wurde, fuhren noch große Fracht-flöße um die Felsinsel.

Wehre sind gefährlich und mit Kanu unfahrbar. Bisweilen muss umtragen werden. Oder man kann man problemlos in den begleitenden Kanal einfahren.

WEHR ! LEBENSGEFAHR ! NACH 350 METER ÄUSSERST LINKS IN KANAL EINFAHREN

tige Auswaschungen der nacheiszeitlichen Isar erkennbar, als der Fluss begann, sich in den Schotter einzuschneiden. Spuren der Erosion sind auch für Laien zu erkennen (links).

Ein Teil des Steilhangs zwischen Buchenhain und Georgenstein ist den Felsen-Freaks vorbehalten: ein „Klettergarten", wo sich an schönen Tagen die Nachwuchs-Messmers für ihre Unternehmungen in den Alpen präparieren.

Beim *Kraftwerk Baierbrunn* deutet der Beginn des Teerssträßchen den Radlern an, dass wir uns der

Alte Auswaschungen im Nagelfluh-Gestein zeigen, dass das Flussbett einst höher lag.

Ein Unwetter zieht auf überm Isartal. Das geht bisweilen sehr schnell.

Zivilisation der Großstadt nähern. Allerdings fühlt man sich hier draußen noch wie in freier Natur – so nah am Rand der City. Das kann nicht jede Stadt bieten!

Ein guter Kilometer noch, bis voraus über dem träge dahinfließenden Kanal einige markante Fassaden von GRÜNWALD aufragen, dem südlichen Nobel-Vorort von München auf dem Ost-Hochufer.

Dann ist beim Wirtshaus *Brückenwirt* die neue Grünwalder Isarbrücke erreicht. Erst vor ein paar Jahren wurde sie in anstelle einer älteren Brücke an ihren heutigen Platz geschoben, wirklich: geschoben! Eine technische Meisterleistung!

Weniger geglückt waren Bombardierungen durch die Amerikaner, die gegen Kriegsende die Brücke aufs Korn genommen hatten. Damals gab's noch kein HiTech, also kein Treffer, dafür ein paar Bombenkrater daneben, die von Bike-Freaks heute zur Feier eines gelungenen Isar-Abenteuers aufs Korn und unter ihre grobstolligen Reifen genommen werden.

Einen festen Übergang gibt es bei Grünwald erst seit Beginn des 20. Jahrhunderts; bis zum Bau der ersten Brücke anno 1903 musste man die Treidelfähre benutzen, die von der Strömung angetrieben wurde. Transportflöße zollten am Zollhaus Tribut, nicht das erste und nicht das letzte Mal am Fluss...

Die Flößerei war für Grünwald sehr wichtig. Am oberen *Flößersteig* wurde die Statue eines Flößers

Stilles Wasser im Stau-Bereich des Baierbrunner Wehrs. Links geht's rauschend in den Kanal. Einen passablen Übergang nach rechts in die nun fahrbare freie Isar gibt es hier noch nicht.

Naturnahe Isar zwischen Georgenstein und Baierbrunner Wehr.

Wanderweg Baierbrunn und Klettergarten

Werkskanal

Baierbrunner Wehr

Georgenstein

ISAR 147

Grünwald mit Schloss und neuer Brücke samt Brückenwirt (v. Süden).

aufgestellt, die an diesen Beruf erinnert (Abbildung auf Seite 41).

🛶 **Einsetz-Stelle Kanal:** Dürnstein (östlich von Schäftlarn). Östlich der schmalen Kanalbrücke. Nicht empfohlen.

Einsetz-Stelle für die freie Isar: Am Pegel beim ehemaligen Parkplatz auf der südwestlichen Seite der Dürnsteiner Brücke (1 km östlich von Schäftlarn). Naher großer Parkplatz **P1**.

Bei Pegelstand 170 cm war die Tour mit normalem Kajak gut machbar; Schlauchboote müssen an flachen Abschnitten schon mal getreidelt werden.

GRÜNWALDER SCHLOSS

Hoch droben auf dem Ostufer ragt die kantige Grünwalder Schloss-Burg auf, schon nördlich des Baierbrunner Kraftwerk von der Isar aus „vor dem Visier". Sie entstand nach der ersten Jahrtausendwende und hat – wie viele historische Bauten – eine wechselvolle und vor allem in den letzten Jahren aufregende Vergangenheit. Die Wittelsbacher nutzten die Burg als Jagdhaus, zugleich wird sie zur Verteidigung hochgerüstet. Danach lange Zeit als Gefängnis und als Pulver-Magazin genutzt. 1796 erobern österreichische Truppen die Burg und ziehen mit vielen hundert Zentnern Schießpulver-Beute ab. Knapp 100 Jahre später wird die Burg privat, sollte in den 1960er-Jahren bis auf einige Burgrelikte abgerissen werden. Diese optisch interessanten Reste waren als Rahmen für eine Luxus-Wohnsiedlung gedacht.

Die Pläne konnten verhindert werden, die Burg wurde saniert und ein Teil der prähistorischen Staatssammlung darin untergebracht, ferner ein Museum mit Schwerpunkt römische Zeit. Seit 1979 findet im historischen Rahmen alljährlich ein Burgfest statt (meist im Juli).

Neben der Burg: Das **Schloss-Hotel Grünwald** mit Aussichts-Terrasse. Die wohl stilvollste Bleibe zwischen Isar-Ursprung und München.

Mit Pausen eine schöne **Halbtages-tour** ohne Schwierigkeiten von Schäftlarn bis Grünwald. Nur eine Um-tragung am Baierbrunner Kraftwerk (ein bereitgestellter Handwagen fürs Boot muss von der späteren Einboot-stelle zur Ausbootstelle geholt wer-den, da er von vorhergehenden Be-nutzern meist dort gelassen wird).

Theoretisch müsste man das Boot beim Stausee am Bai-erbrunner Wehr (km 164,5) rechtsufrig aussetzen und in die freie Isar einsetzen können. Das ist jedoch derzeit noch nicht möglich, man muss in den Kanal einfahren und ggf. später rübertragen.

Vom Kanaldamm aus ist die freie Isar wegen hoher Mau-ern und Zäunen im Kraftwerksbereich ebenfalls nicht zu erreichen. Die Fahrt im Kanal vom Baierbrunner Wehr via KW Höllriegelskreuth (re. umtragen) bis zum Grünwal-der Brückenwirt ist recht langweilig. Meist wird von Grün-wald weitergefahren bis München-Süd, Floßlände, wo es mit der Kanu-Tour vorbei ist.

Derzeit ist die Isar-Befahrung im Stadtgebiet ab Thal-kirchner Brücke nicht erlaubt. Das könnte sich ändern.

Die Strecke München-Süd bis Schäftlarn auf dem linken, west-lichen Isarufer ist bei Radlern sehr beliebt. Die Ostufer-Route ver-läuft auf der Hoch-ebene. Isarnah auf schlechten Wegen ist sie nur etwas für fin-dige MTB-Freaks.

Unten: Grünwalds Schloss-Kulisse, offen mit Frühlings-Grün. Radler hinten am re. Ufer müssen schieben.

Im Zeichen der Renaturierung:

GRÜNWALD – PULLACH – GROSSHESSELOHE – MÜNCHEN-SÜD

Beton ist weg! Natur-Ufer und neue Wege.

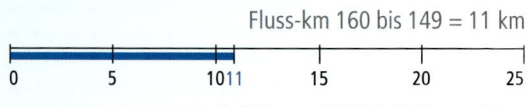

Fluss-km 160 bis 149 = 11 km

Gefälle: ca. 535 bis 515 m = 20 m

Allgemein: Letzte Steilufer bei Pullach (im Westen) und Geiselgasteig (östlich). Das Isartal öffnet sich nördlich der Großhesseloher Eisenbahnbrücke, und ganz allmählich beginnt die Großstadt. Die Isar wurde in den letzten Jahren in diesem Bereich renaturiert, besser gesagt: in einen naturnäheren Zustand zurückversetzt.

Waren wir bisher an der *Oberen Isar* unterwegs, so beginnt ab dem Höllriegelskreuther Wehr (nach Ende von Tour 9) offiziell die **Mittlere Isar** (Gesamt-München bis Landshut).

Ausgangspunkt: Neue Brücke zwischen Pullach-Höllriegelskreuth und Grünwald

Zielpunkt: München Floßlände (Kajak), Flaucher, Wittelsbacher Brücke (Rad)

Entfernung: Fluss-Kilometer 160 bis 149 = 11 km.

Empfohlene Karten: Topogr. Karte *L7934 München* 1:50000. **In unserem topo-Atlas Karte 9, S.231**. - München-Stadtpläne.

Tourencharakter: für Kajakfahrer monoton, einige Umsetz-Stellen! Finale der Tour, wenn man eine Stadt auf dem Wasserweg erreichen und die Isarbefahrung komplettieren will. Ansonsten lieber flussaufwärts „boaten". Die freie Isar ist nach der Renaturierung trotz Rampen (alle 200m ab Großhesselohe) wieder recht kajak-tauglich bis Thalkirchner Brücke, ab dort noch Fahrverbot. Das der Isar zugewiesene Wasser reicht – wie sich beim Test ergab - normalerweise gerade aus für eine Befahrung. Es dürfte zukünftig ruhig etwas mehr sein...

Rad-/Wanderwege: Asphaltiertes Sträßchen links vom Kanal, ab Großhesseloher Brücke neu gestalteter Rad- und Wanderweg auf dem linken Isarufer, zwischen Isar und Kanal. – Alternativ dazu Wege beidseits auf den **Hochufern.** Für Radfahrer zum Teil auf neuen Wegen auf beiden Ufern an renaturierter Isar ein schönes Erlebnis. Auch MTB-Strecken.

Höhenunterschied: Grünwald bis München ca. 20 m (Gefälle durchschnittlich ca. 1,8 Promille).

Attraktionen: *Hinterbrühler See* westlich vom Kanal, knapp 1 km nördlich der Großhesseloher Bahnbrücke. – *Tierpark Hellabrunn* auf dem re. Ufer. – Naturnahes *Bad Maria Einsiedel.* – *Flaucher* (Münchens traditionelles Nacktbade-Paradies).

Stützpunkte: Großhesselohe, Thalkirchen (mit großem Campingplatz, nur März bis Oktober).

Mü-Thalkirchen mit Floßlände und Campingplatz (rechts).

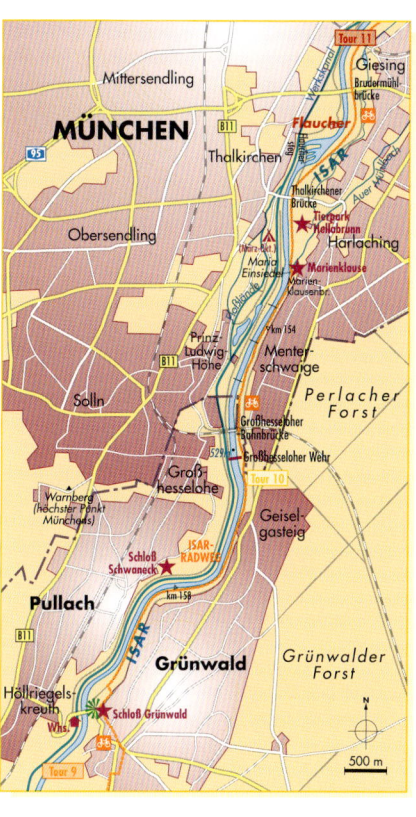

Eigentlich hätte man diesen letzten Abschnitt vor den Toren Münchens und im südlichen Stadtbereich der vorhergehenden Tour 9 zuschlagen können – und bis vor einigen Jahren wäre das auch sinnvoll gewesen, denn so toll war die in ihr kanalisiertes Bett gezwungene und oft schwindsüchtig-wasserarme Isar an Münchens südlichem Stadtrand damals nicht.

Aber inzwischen wurde der „Isar-Plan" großteils realisiert: die Renaturierung hat neue Fakten und eine „neue Isar" geschaffen. Alles ist buchstäblich im Fluss bis zum Bereich der Wittelsbacher/Corneliusbrücke (letzter Abschnitt des Rückbaus, sommers „Kulturstrand). Man hat die alten Strukturen aufgebrochen und die Isar naturnäher hergerichtet (siehe auch Tour 11).

Von der Grünwalder Brücke (Wirtshaus *Brückenwirt)* geht es zunächst im noch relativ engen Tal nordwärts. Hochufer ragen auf zu beiden Seiten von Isar und westlich verlaufendem Kanal.

Links auf dem Hochufer schöne Jugendstil-Hausfassaden von **PULLACH im Isartal**. Was etwas seltsam klingt, weil Pullach fast ausschließlich über dem Isartal liegt. Aber das muss man nicht so eng sehen.

Als westliches Gegenstück zur Grünwalder Schloß-Burg grüßt auf der Höhe an einer Isar-Kurve die *Burg Schwaneck,* ein romantisierender Nachbau aus dem 19. Jahrhundert. König Ludwig I. ermöglichte seinem Hof-Bildhauer Schwanthaler (Schöpfer der *Bavaria,* Theresienhöhe) diese Spielerei, die später zu einer der schönsten deutschen Jugendherbergen umfunktioniert wurde.

Hier unten an unserem Fluss im Isarbett ist gerade mal genug Platz für ein schmales Sträßchen namens „An

Pullacher *Jugendstil-Fassaden über dem Isar-Kanal.*

der Isar", oben in Pullach wird viel Platz frei, weil der berühmte Bundesnachri-wie-heisst-er-doch? (psst, das ist geheim!) nach Berlin umzieht… Was wird dann aus dem hübschen Gartenstädtchen werden?

Ein schöner, kaum 2 km kurzer Weg führt von der Burg über die renommierte *Waldwirtschaft (Wawi-*Biergarten und Musik) nordwärts zur Großhesseloher Brücke, großteils dicht am Rand des linken Isarhochufers.

RENATURIERUNG ODER NATUR-SIMULATION?

Nördlich von Pullach spannt sich bei Fluss-km 156 die neue *Großhesseloher Eisenbahnbrücke* über das Tal (S-Bahn und *BOB* nach Holzkirchen und Lenggries, also wieder an die Isar). Der schöne alte Übergang aus Dampflok-Zeiten, mit den markanten Hängebauch-Bögen (Abb. folgende Doppelseite), war baufällig und musste entsorgt werden. Es lohnt sich, die paar Meter vom Kanal zur Brücke hinaufzusteigen und durch den weiten, vergitterten Fußgänger-Trakt des Neubaus zur Brückenmitte zu promenieren: Just an dieser Stelle öffnet sich das Tal, daher recht weiter Blick auf die neue, seit dem Jahr 2000 ent-betonisierte Isar und Richtung Stadt. Sogar die Türme des Liebfrauen-Doms sind zu erkennen. Daneben als moderner City-Akzent die neuen Doppelhochhäuser (Bild S. 156).

Wundern Sie sich über den seltsamen Gitterkasten unter dem Bahndamm auf der oberen Etage? Die alte Brücke war für Serien-Selbstmorde berüchtigt. Dem begegnete man mit der Käfig-Form – bislang offenbar mit Erfolg.

Die Isar zeigt sich von oben nun mit neuen, natürlichen Formen und Kiesbänken, die es so zuvor nicht gab. Nur im Bereich der Bahnbrücke blieben die alten Ufer-Befestigungen teilweise erhalten, um das Bauwerk zu schützen.

Richtige Urnatur kann und will man nicht herstellen, schon aus

Grünwald, Pullach, Solln: Vor 150 Jahren Wald + Felder um winzige Dorfkerne! Heute großflächig zersiedelt. Die Isar strömte frei. Vgl. topo-Karte S.231

Die Renaturierung der Isar beschert München eine naturnahe Flusslandschaft mit hohem Freizeitwert.

Die Münchner Stadtgrenze verläuft etwa 300 m nördlich hinter der Bahnbrücke.

Gründen des Hochwasserschutzes. Man könnte also eher von Natur-Simulation sprechen – aber die Leistung ist anerkennenswert und der Freizeitwert der Isar ist im Stadtbereich gewaltig gestiegen. Wichtig war vor allem, die Hochwasserdeiche zu optimieren. Eher nebenbei entstanden flachere Kiesufer und Inselchen. Die Ökologie hat gewonnen gegen den technisch orientierten Wasserbau früherer Zeiten. Es ist schon allein angenehm, dass die unnatürlich gradlinigen Beton-Uferlinien verschwunden sind, samt den ebenso graden Sohl-Stufen im Fluss, die zu lockeren „rauen Sohl-Rampen" mit Kanu-Durchfahrten umgestaltet wurden (Vergleichs-Fotos S. 157).

GETESTET: DIE „NEUE" ISAR IST KAJAKTAUGLICH!

War ein „Umsteigen" in die freie Isar mit dem Boot am Baierbrunner Wehr (Tour 9) noch nicht möglich, so konnten wir es immerhin und mit etwas Mühe bei Grünwald versuchen: Unter der Grünwalder Brücke die Kanalböschung hinauf, jenseits wieder hinab – und hinein ins flache Isar-Wasser. Mühsam, aber es geht: Die sogenannte *Restwasserzugabe* von ca. 5 Kubikmeter pro

Marienklause-Wehr bei Hochwasser. Sehr gefährliche Wasserwalze.

Unten: Blickrichtung Süd: **Großhesseloher Wehr** *mit längst nicht mehr benutzter Floß-Gasse. Beliebt zum Baden und Sonnenanbeten.*

Von oben wirkt die Isar flach, aber es reicht neuerdings knapp für eine Befahrung. mit Schlauchboot oder Kajak.

Ganz unten: Dasselbe Wehr bei **Hochwasser**. *Ein Kajaker wäre hier beinahe umgekommen.*

Ein Passant beim Hochwasser: „Ein Jammer, die schöne teure Renaturierung geht jetzt kaputt!"
Was heißt kaputt? Die reißende Isar sollte mit ihrer Kraft die menschlichen Vorarbeiten zuende führen...

Sekunde ab Baierbrunner bzw. Großhesseloher Wehr reicht gerade mal eben aus für eine Bootstour.

Vorbei an Kiesbänken unter dem Geiselgasteig-Hochufer gleitet man auf der „neuen" Isar dahin, immer auf der Suche nach der optimalen Durchfahrt. Eine ramponierte Betonklotz-Sohlschwelle kann je nach Wasserstand rechts überfahren oder umtreidelt werden. Weiterhin erfreut richtige Natur das Kajaker-Herz.

Sogar Fisch-Schwärme sind bisweilen zu sehen, was an der Isar recht selten geworden ist. Heute finden die Fische wieder Laichplätze und „Kinderstuben" für den

> Die „uralten" E-Werke Höllriegelskreuth und Pullach von ca. 1900 (die ältesten an der Isar!) sind schon fast Denkmäler einstiger Fluss-Nutzung.

Die Grosshesseloher Brücke

Nachwuchs. An der renaturierten Isar flussabwärts wird es zukünftig ähnlich werden.

Dann wird die Isar träge und langsam: Rückstau des alten Großhesseloher Wehrs. Hier wird es noch mal anstrengend: Boot hinübertragen in den Kanal oder – besser – abseilen über die hohe Betonwand des Wehrs und in der freien Isar weiterfahren.

Einst und jetzt: Die neue Großhesseloher Bahnbrücke über der wiederbelebten Isar (oben und links). Der „Lokomotiv-Dampf" analog zum historischen Bild darunter ist eine optische Täuschung: Nur eine Regenwolke über einem Strom-Masten.

Die alte Brücke mit ihren „Hängebauch"-Trägern vor etwa 120 Jahren, samt Dampfross. Im Hintergrund Münchens Liebfrauen-Dom.

Original-Handabzug

Großhesseloher Brücke und Wehr von oben. Die roten Punkte markieren Wander- und Radwege auf beiden Hochufern sowie im Tal: Reichliche Auswahl!

Von der Großhesseloher Bahnbrücke nach Norden: Renaturierte, kiesige Ufer an der südlichen Stadtgrenze im Gegensatz zum einstigen Betonbett (vgl. Luftbilder alt + neu, rechte Seite).

Hinten: weit entfernter Dom + neue Hochhäuser

Bei Hochwasser scheinen manche Schilder ihren Sinn zu verlieren.

Dann gleitet man in sanft strömendem Wasser dahin, unter der neuen Großhesseloher Eisenbahnbrücke. Mit der Renaturierung wurden die alten betonierten Sohlschwellen im Fluss entfernt und durch naturnahe „raue" Steinrampen ersetzt, samt Durchlässen für Boote. Diese Gefällebremsen sollen verhindern, dass sich der Fluss unnötig tief eingräbt. Ist auf den Luftbildern rechts gut erkennbar.

Die Isar erfüllt – dank der mit UV-Desinfektion verbesserten Kläranlagen flussaufwärts – die strengen Badewasser-Standards der EU, außer nach Hochwasser. Damit ist München die einzige Stadt Europas, in der man an einem naturnahen Fluss baden kann. Gebadet wurde allerdings gegen die kommunalen Warnungen schon vorher.

Zu wünschen wäre auch, der Isar noch mehr Wasser zu spendieren und die Menge im Kanal zu reduzieren: Größere Wassermenge bedeutet höhere Fließgeschwindigkeit, damit schnelleren Wasser-Austausch und bessere Qualität... Die naturnahe Umgestaltung der Ufer reicht allein wohl nicht aus.

Stadtgrenze in der Natur

An der Großhesseloher Brücke liegt der Isar-Spiegel

529 m über Meeresspiegel, Gelegenheit für Rück- und Vorblick: 633 Meter hat die Isar seit dem Ursprung (1.162 m, Tour 1) im Karwendelgebirge abgebaut, auf nur rund 130 Kilometer. - Bis zur 156 km entfernten Mündung in die Donau bei Plattling muss sie sich auf der nordwärts abfallenden Schotterebene und im folgenden Hügelland Niederbayerns nur noch 230 Meter absenken.

„MITTLERE ISAR" AB MÜNCHEN-THALKIRCHEN

Knapp 400 Meter nördlich der Bahnbrücke verläuft die Grenze zwischen Großhesselohe und der Landeshauptstadt München. In diesem Bereich endet amtlich die *Obere Isar,* es beginnt die **Mittlere Isar** bis nach Landshut. Was uns in der Praxis aber nicht sonderlich interessieren muss, oder?

Auf dem schönen Wanderweg zwischen Isar und Kanal nähern wir uns dem *Marienklause-Steg.* Die kleine romantische Kapelle versteckt sich ein paar Schritte entfernt auf dem Ostufer im Wald. Wie zuvor am Wehr südlich der Bahnbrücke, sieht man auch hier noch die Floßgasse der einstigen Transport-Flöße. Sie wird natürlich schon lange nicht mehr benutzt, er-

Steinböcke in der Stadt? - Standbilder am Isar-Tor des Tierparks Hellabrunn bei der Thalkirchner Brücke.

Isar im Vergleich:
Welch Unterschied!
Früher wirkte die betonierte Isar mit ihren Sohlstufen wie ein Kanal, Foto von ca. 1990 unten links. Rechts die aktuelle, erfolgreich renaturierte Isar.

Flaucher>>
Tierpk-Brück
Tierpark Hellabrunn
Floßlände
pgplatz
kirchen
Marienklause

Tierpark-Brücke
Floß-lände

Neue Thalkirchner Brücke, eine Holzkonstruktion, die sich der Landschaft gut anpasst.

Kaum zu glauben: Laut Süddeutscher Zeitung ist sie die größte Holzbrücke der Welt.

freut dafür mit ihrem rauschendem Wasser die Badenden und Sonnenanbeter.

Die nächste des guten Dutzends Münchener Isarbrücken ist die hölzern-nostalgisch gehaltene Thalkirchner Brücke, die übrigens jungen Datums ist; die Vorgängerin ging in Flammen auf. Sie führt zum beliebten **TIERPARK HELLABRUNN** auf dem rechten Ufer. Westwärts geht's zur FLOSSLÄNDE, dem Endpunkt der Isar-Gaudi-Touren. Und Location für Kanal-Surfer wie am Eisbach im Englischen Garten.

Gegenüber das schöne Bad **Maria Einsiedel** – weit mehr als ein übliches Freibad: In schöner Parklandschaft gelegen, wird das Bad auf mehreren hundert Metern Länge von der „Nabelschnur" Kanal durchflossen. Chlorfreies, nur biologisch gereinigtes Wasser, weich wie in einem See!

Thalkirchner Brücke, Tierpark Hellabrunn (unten li.) und naturnahes Isar-Bett südlich davon. Rechts daneben der grüne Werkskanal.

Südlich anschließend der große Stadt-Campingplatz Thalkirchen, ebenfalls am Kanal – aber leider meist sehr voll und daher ohne Isar-Idylle.

Boote dürfen ab Thalkirchen bis auf weiteres nicht in die innerstädtische Isar einfahren.

DER ISAR-KANAL

Seitenblick auf den die Isar westlich begleitenden Kanal, falls Sie das vorhergehende Kapitel nicht gelesen haben:

Am Baierbrunner Wehr wird

das Isarwasser in den Werkkanal ausgeleitet, von dem dann noch die Floß- und Boots-Strecke zur Floßlände abzweigt. Flößer-Denkmal (siehe Abb. rechts) an der Gabelung vor dem Hinterbrühler See, ein beliebtes Ausflugsziel.

Gaudi-Floß samt Bier und Blasmusik beim Flößerdenkmal, nahe Hinterbrühler See.

Insgesamt sechs Kilometer lang ist diese Ausleitung, die früher der Isar fast das gesamte Wasser nahm. Heute müssen fünf Kubikmeter pro Sekunde ins Flussbett hinein. Das reicht, um die Isar lebendig zu halten – etwas mehr wäre wünschenswert.

Im Kanal folgen nacheinander Isarwerk I bis III, zum Teil nostalgisch wirkende Klein-Kraftwerke aus der Zeit um 1900. Danach wird der Kanal bei Fluss-km 150 flussab vom Flaucher (s. u.) wieder in die Isar zurückgeführt.

Die rauschend-spritzige Passage der Floßgassen sind der Kick der Tour.

NACKTE TATSACHEN

Nach diesem Technik-Einschub geht's hier auf der freien Isar weiter zu einer Top-Attraktion des Münchener Südens, dem **„Flaucher"** bei Fluss-km 152. Ein Gasthaus (ex-Forsthaus von 1800) mit beliebtem Biergarten, daneben weite Kiesbänke mit viel nackten Tatsachen (gern von Nudisten besucht; Nacktbaden ist an der Isar allerdings nahezu überall gang und gäbe).

Das Flaucher-Wehr hat einst den Stadtbach abgeleitet. Drei Inseln stellen sich hier der Isar in den Weg, die ein Security-Mann vom Flaucher-Steg aus so klassifizierte: „Dort im Norden die Schwulen-Insel, weiter östlich die Familien-Insel und ganz im Südosten die Hauptinsel, einst ein

Den Isar-Ursprung kennen die meisten Münchener nicht, aber vom FKK-Badeparadies FLAUCHER hat wohl jeder schon gehört.

Sonnenschirme ist hier übrigens nicht legal...

Unten: Übliches Gedränge am Flaucher-Steg

beliebter Drogen-Umschlagplatz!" Es war geplant, den bislang anonymen Inseln zur besseren Orientierung „richtige" Namen zu verpassen, aber das dauert offenbar.

Die Ordnungshüter kümmern sich auch um Einhaltung der Grill-Regeln, die etwas wirr wirken: Hier ist Grillen erlaubt, offene Feuer sind jedoch (wie fast überall an der Isar) verboten. Weiter flussab bis zur Museumsinsel war bislang immerhin Grillen in transportablen Geräten erlaubt. Viele Münchner haben sich solch ein Gerät zugelegt, weil Grillen für viele eben zu einem schönen Abend am Fluss gehört wie ein zünftiges Bier. Aber das wurde jetzt auch verboten... Das Thema „Grillen" samt Begleit-Erscheinungen wie Qualm und Müll wird ein rotes Tuch bleiben und immer wieder in den Spalten der München-Presse auftauchen.

NACH DER RENATURIERUNG

Noch am Flaucher hat man gar nicht das Gefühl, in einer Großstadt zu sein. Erst ein paar Meter weiter wird der Flaucher-Park von brodelndem Verkehrslärm heimgesucht: an der *Brudermühlbrücke*, einem Teil des Mittleren Rings. Die folgende, deaktivierte *Braunauer Eisenbahnbrücke* soll zukünftig als Fußgängerbrücke dienen; das wäre prima! Nun stößt die naturnah hergerichtete Isar auf eine richtige Stadtsilhouette: auf die prächtigen Häuser an der Wittelsbacher Straße.

Auch hier hat sich die Isar ebenfalls total verändert: Die alten Kanalufer sind fort, weite Schotterbänke sind entstanden und werden mit Isar-Power bei Hochwasser immer natur-ähnlicher. Das schafft kein Wasserbau-Ingenieur so und schon gar nicht ein Bagger.

An schönen Sommertagen ist hier natürlich schwer was los. Die Liegewiesen sind rammelvoll. Und schon kom-

men wieder Klagen: Schatten-bäume müssten her, auf den weiten naturflächen sei es viel zu heiß. Vergessen wird dabei, dass das offene Tal erst in zweiter Linie für Erholung da ist. Priorität hat das schnellere Abfließen von Hochwasser, und da würden Bäume in der „Natur-Brache" eher stören.

Grünwald –> M-Süd ist der letzte fahrbare Abschnitt der Isar vor den Toren Münchens. Fragt sich nur: Kanal oder Isar?

1. Fahrt im Kanal: Das Wehr Pullach wird re. umtragen, erleichtert durch Schienenwagen. Der Einstieg im Unterwasser an den Kaimauern ist etwas ungut. Besser und leicht: Boot in die freie Isar hinüber transportieren.

Nach dem Grosshesseloher Wehr ist München erreicht. Kanal-Endpunkt: Floßlände. Weil der gezähmte Wildfluss nur knapp genügend „Restwasser" erhält, wird meist im Kanal bis zur Floßlände gefahren, doch bessert sich das dank erhöhter Restwasserabgaben in die freie Isar. Bei Weiterfahrt im Kanal folgt nach dem Flößerdenkmal links eine Floßgasse, für mutige und versierte Kajaker fahrbar (siehe Abb. folgende Seite). Noch einige Schwälle wie *Weiglwalze*, *Schaukelpferd* oder die *Surf-Welle*. Letztere soll nun permanent gemacht

Bei den Flaucher-Inseln (oben Luftbild) deuten Hochhäuser erstmals an, dass die Isar nun eine Großstadt erreicht hat.

Links: Neue Entspannungsgebiete an renaturierter Isar.

*Im Kanal zur Floßlände gibt's in Floßgassen und an Stufen wie „Surf-Welle" und „Sauloch"
eine Menge Kanu-Spaß und Zuschauer. Relativ problemlos, aber nichts für Unerfahrene.
Andere Floßgassen an der Isar dürfen nicht befahren werden.*

werden soll, denn nach dem Erfolg eines Surf-Films hat die Stadt offenbar das sportliche Potenzial des Surfens entdeckt.

Die Kanal-Tour endet an der Floßlände (Großparkplatz). Taxistand für Rücktransporte von der Floßlände zum Start-Ort an der Isar: Westlich der Thalkirchner Brücke. Alternative: S-Bahn nach Wolfratshausen.

2. Freie Isar: Das Großhesselohe-Wehr muss (recht mühsam) rechts umtragen werden. Es folgt eine Reihe raue Rampen (meist fahrbar) im naturnahen Fluss. Marienklause-Wehr li. umtragen oder hinüber zur Floßlände, denn an der folgenden Thalkirchner Brücke ist Schluss mit der Isar-Fahrt auf dem Fluss. <u>Unterm Strich:</u> Bei ausreichend Wasser unterm Kiel ist die renaturierte freie Isar viel interessanter als der Kanal.

*Im Floßländ-Kanal soll
die zeitweise nicht
brauchbare Surf-Welle
für Bach-Surfer wie
am Eisbach dauerhaft
gemacht werden.*

*Bootsfahrer sollten vorsichtig sein, da der
Kanal auch Spielwiese
Münchener Wildwasser-Kajaker ist.*

SPIEL MIR DAS LIED VOM SCHROTT...

Zugegeben: Was sich da am Isarufer oder im Fluss so alles findet, ist nicht immer attraktiv oder appetitlich. Der Wasserspiegel ist ja gnädig: Was unter der Oberfläche verschwindet, ist aus den Augen, aus dem Sinn. <u>Zeitweise galt in München gar die Vorschrift, den Abfall in den Stadtbächen zu entsorgen.</u>

Andererseits findet sich auch manch Originelles. Was vorgestern Müll war, hat morgen vielleicht schon historischen Wert. Wie viele Museumsstücke mögen wohl aus Flüssen geborgen worden sein? So haben auch die malerisch lädierten Rest der Emailtöpfe (oben) bestimmt eine lange Geschichte: Zunächst stolzer Teil einer Aussteuer, dann genarbtes Küchen-Utensil, später löchrig und den Schleifkräften der Isar übergeben...

...emand fuhr auf einer aufgeblasenen Sexpuppe die Isar hinab. Puppe bekam offenbar 'n Loch und wurde zu entsorgendem Abfall...

...nten Freizeit-Müll: Aufgegebene, ramponierte Badeboote finden sich leider reichlich.

Mitten im Flusstal stießen wir sogar mal auf einen Grenzstein, den die Hochwasser wohl wie einst die Findlinge abtransportiert hatten. Andere fanden in der Isar - grusel, grusel -einen menschlichen Schädel. Er entpuppte sich später zum Glück als Anatomie-Modell.

Was sich alles so aus dem Wasser bergen lässt, kann man in einem sehr originellen **Museum** betrachten: Beim Kraftwerk *e-on Finsing* (nördlich von

Markt-Schwaben am „Mittlere-Isar-Kanal"). Dort ist ausgestellt, was sich im Lauf der Jahre an „Schwemmgut" angesammelt hat: Alte Autos, Motorräder, die Tragfläche eines Lancaster-Bombers aus dem 2. Weltkrieg, ausrangierte Waffen. Und natürlich – wie romantisch – diverse Flaschenpost.

Eintritt ist frei. Geöffnet von April bis September jeden ersten Samstag im Monat von 10 bis 16 Uhr oder nach Anmeldung. Telefon 08121-709 211

Museums-Insel mit sehr unter-schiedlichen Isar-Armen (Kleine Isar re.) zwischen Cornelius- und Ludwigsbrücke

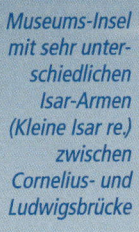

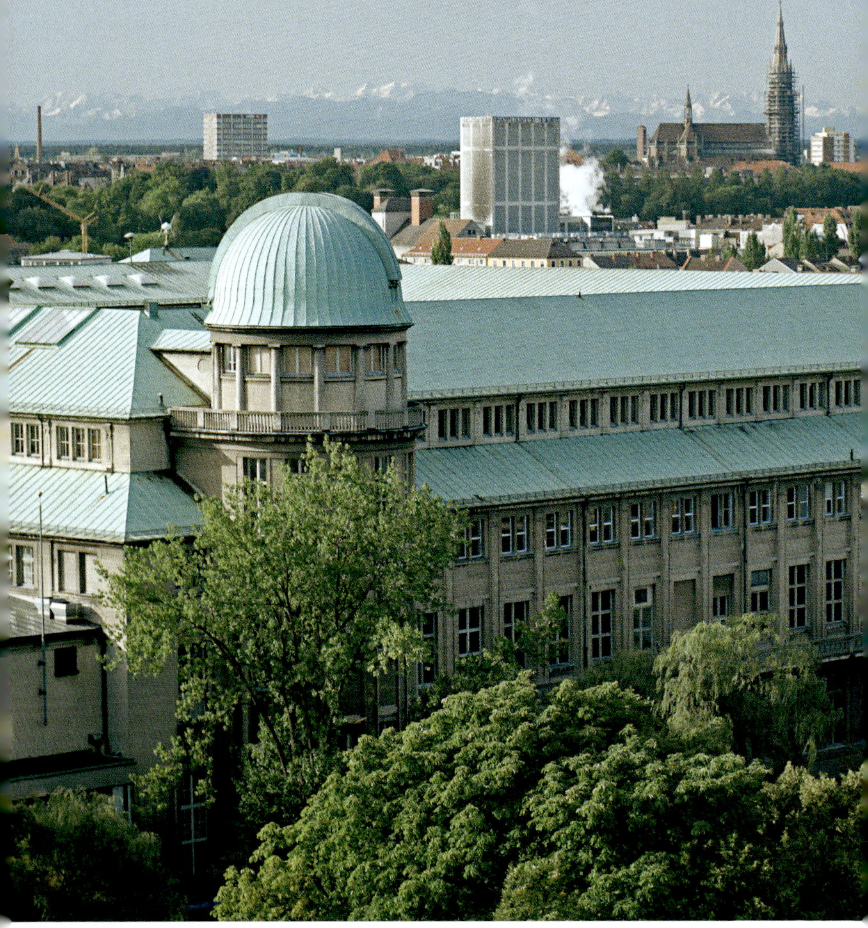

Foto: Deutsches Museum München.

Die Ufer-Terrassen der Isar wurden in den letzten Jahren renaturiert.

*Mitten in der Isar (sie ist unten noch erkennbar) liegt das **Deutsche Museum,** prima zu sehen im neuen Luftbild linke Seite.*

***Tipp:** Vom Turm aus super Blick auf Stadt und Fluss sowie auf die Alpenkette.*

<u>Unten:</u> Schutzgebiet Englischer Garten mit mehreren Stadtbächen. Der Eisbach mit der Surf-Welle wurde zur großen Attraktion.

„Canale Grande" als Kontrast
zur Natur-Isar

„METROPOLFLUSS"ISAR
IN MÜNCHEN

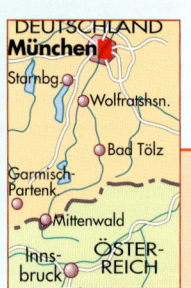

Fluss-km 149 bis 140 = 9 km

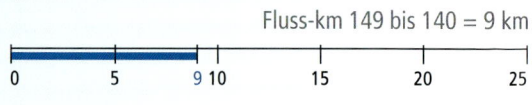

Gefälle: ca. 510 bis 489 m = 21 m

Allgemein: Die Isar strömt östlich der Innenstadt zunächst renaturiert, dann kanalisiert bzw. in Kleiner Isar um die *Museumsinsel* mit dem Deutschen Museum, beim Maximilianeum um die *Prater-Insel*. Beim Englischen Garten nimmt sie den Eisbach auf, einen der verbliebenen Stadtbäche. Am Isarwehr Oberföhring wird ihr wieder Wasser entzogen und zum Speichersee Ismaning abgeleitet. Weiter gradlinig durch die *Hirschau*. An der Herzog-Heinrich-Brücke (Föhringer Ring) nördliche Stadtgrenze.

Ausgangspunkt: Braunauer oder Wittelsbacher Brücke

Zielpunkt: Nördliche Stadtgrenze München bei Unterföhring,
Fluss-Kilometer 149 bis 140 = 9 km.

Empfohlene Karte: Topogr. Karte *L 7934 München* 1:50000. **In unserem topo-Atlas Karte 11, S.233.** - Alle München-Stadtpläne.

Tourencharakter: Isar ab Thalkirchner Brücke für Bootsfahrten verboten.
Für Radfahrer eignet sich eher das östliche rechte Ufer (guter *Isarradweg*). Links der Isar im Englischem Garten sehr schön. Weiter nördlich Radwege beidseits der Isar.

Straßen: *Isar-Parallele* bis zum nördlichen Mittleren Ring, dicht befahren. Danach kaum Autostraßen am Fluss, aber Kfz-gesperrte Wege, gut für Radler.

Tipp: Mit dem Auto kann man Münchens Isar nicht erleben (die Stadt auch nicht...).
Sehr gut ausgebautes ÖPNV-Netz: Günstige isarnahe **U-Bahnstation:** Fraunhoferstraße, etwas stromauf vom Dt. Museum. U-Bahn St.-Anna-Platz. Oder S-Bahnstation: Isartorplatz (von Ludwigsbrücke zum Marienplatz).

Höhenunterschied: Raum München ca. 20 m (Gefälle durchschnittlich ca. 2,2 Promille).

Attraktionen: Deutsches Museum, Valentin-MusÄum (Isartor), Friedensengel, Englischer Garten, Hirschau

VON DEN WITTELSBACHERN BIS J. F. KENNEDY...

Zwischen deaktivierter Braunau-er Bahnbrücke (einer etwas ält-lichen Gitterkonstruktion wie aus der Gründerzeit der Eisenbahn) und der schön geschmückten *Wit-telsbacher Brücke* geht die Isar auf Nordostkurs. An der Brücke prangt stolz eine Statue von Otto von Wittelsbach, der dem Welfen-Her-zog Heinrich dem Löwen nach dessen Stadtgründung folgte.

Die Isar war im Stadtgebiet or-dentlich begradigt und in ein Kor-sett gezwängt, aus dem sie auch bei Hochwasser in den letzten Jahrzehnten nicht heraus konnte. Das würde in den letzten Jahren naturnah rückgebaut. München-Gründer Heinrich hatte sich den Platz für sei-

Isar-Terrrassen - inzwi-schen renaturiert - mit Wittelsbacher Brücke.

2008 wurde München 850 Jahre alt. Auf der Gedenkmünze links Glockenspiel und Schäfflertanz, rechts ein Mönch: das vielgeliebte Münchner Kindl

Welch romantischer
Straßenname.

Thalkirchner Brücke Richtung Flaucher:
Anfangs wirkten die neuen
renaturierten Sohlrampen ein wenig
künstlich-unnatürlich angeordnet.
Wilde Hochwasser (kleines Bild, aus gleicher
Blickrichtung) werden es schon richten...

ne Stadt schon perfekt ausgesucht. Ein wenig hat seit den 60er-Jahren allerdings auch der Sylvenstein-Speichersee die nahe gelegene Innenstadt vor Überflutung geschützt. Er „dosierte" die Hochwasserspitzen.

Wie flussab der Großhesseloher Brücke (Tour 10) ist auch die Renaturierung über Wittelsbacher und Reichenbach-Brücke bis etwa zum Deutschen Museum abgeschlossen. Und wird - wie der Ansturm zeigt - begeistert angenommen. Manche Abschnitte sind kaum wiederzuerkennen: Vergleichsfotos Seite 170.

Isar-Idylle am „Metropol-Fluss" mitten in der Stadt.

Flanieren oder Radeln bringt mehr Erlebnis und Eindrücke als Autofahren.

Links das relativ steile Ufer neben der „Isar-Parallele", eine Sammelbezeichnung für aufeinander folgende Straßen auf dem linken Isarufer: Wittelsbacher Straße, Erhardtstraße (bis zur Ludwigsbrücke), Steinsdorfstraße (bis Maximiliansbrücke), Widenmayerstraße (bis Max-Joseph-Brücke) und last not least Ifflandstraße bis zur J. F.-Kennedy-Brücke des Mittleren Rings. Damit haben wir auch in einem Aufwasch gleich die wichtigsten des guten Dutzends Münchener Isar-Innenstadtbrücken „erledigt".

> **Das Baden im Flußlauf erfolgt auf eigene Gefahr !**
>
> **Eine Garantie für die hygienische Unbedenklichkeit des Flußwassers kann nicht übernommen werden.**
>
> Landratsamt Bad Tölz - Wolfratshausen

Der nächste nordwärts folgende Übergang liegt bereits jenseits des Stadtgebiets auf Föhringer Boden, fast dort, wo einst die erste Isarbrücke einer alten Salzstraße über den Fluss führte. Sie gehörte zum Bistum Freising und wurde von Heinrich dem Löwen 1158 abgefackelt.

Badewasser-Qualität „ja!" im Metropol-Fluss. Dann: „unter Umständen doch nicht...". Die Kläranlagen wurden optimiert, doch bei Extrem-Regen reicht es nicht.

Von der Wittelsbacher Brücke aus schaut man über die flachen Wiesen auf dem linken Ufer, erblickt den massigen Bau des **Deutschen Museums** mit seinem Turm (schönster Rundblick). Technik zum Anfassen: Die riesige Ausstellung als Gegenstück zu den Kunst-Museen halbwegs unter die Lupe zu nehmen, bedeutet mehrtägigen Besuch.

Auf die Schnelle kann man nur Ausschnitte „mitnehmen". Fläche ca. 55.000 qm, über 16.000 Exponate. Erweitert, unter anderem um ein „Kinderreich" für den

Surf-Fun bei Hochwasser beim Deutschen Museum. Einst war Surfen verboten. Nun sollen die vielen Münchner Surf-Stellen legalisiert und permanent gemacht werden.

Nachwuchs. Das Deutsche Museum ist übrigens laut einer Statistik nach Rothenburg ob der Tauber und Neuschwanstein Bayerns drittgrößte Touristen-Attraktion. Kein Wunder...

Isar einst und jetzt:
Aus dem „Kanal" <u>links</u> wu
ein naturnaher innerstädt
scher Fluss, <u>oben.</u>
Im Hintergrund das Maxim
aneum. Im Kontrast dazu
markante Hypo-Hochhaus

„CURIOSITÄTEN-SCHAU"

Als modernes Gegenstück zum 100-jährigen Museum ragt scheinbar daneben, aber in weiter Ferne die Fassade des Hypo-Hochhauses auf. Dazwischen das Maximilianeum (siehe linke Seite unten).

Brodelndes Hochwasser: Am Flaucher-Steg müssen angeschwemmte Baumstämme rasch entfernt werden.

Ein Muss ist der kurze Spaziergang von der nahen Ludwigsbrücke zum **Isartorplatz** und weiter zum Marienplatz samt Rathaus, Glockenspiel und vielem mehr, auf das in unserem engen Isar-Rahmen nicht eingegangen werden kann.

Im **Isartor** lohnt sich ein Besuch des kleinen „Valentin-Karlstadt-MusÄums" mit der „Münchner Curiositäten-Schau" und Volkssängermuseum; Karl Valentin war einer der größten Münchener Barden – sein MusÄum steckt voller BY-Witz.

Relativ nah an der Isar liegt auch die **Peterskirche**, Münchens älteste und beliebteste. Der Turm kann bestiegen werden (92 m hoch – 300 Stufen!). Mit entsprechend weitem Ausblick. Für Isar-Einblicke ist der Turm des Deutschen Museums schon von seiner Lage her natürlich besser geeignet.

Isartor - als einziges der erhaltenen Stadttore noch mit Turm. Darin das Valentin-Karlstadt-MusÄum sowie - guter Tipp - das Turmstüberl.

Wie fast die gesamte ehemalige Stadtbefestigung und die Frauenkirche wurde das Isartor aus Ziegelsteinen erbaut statt z.B. aus alpinem Gestein. Diese Backstei-

---

Ein paar Münchner Isar-Zahlen:

Auf den 13,7 km von der südl. Stadtgrenze bei Großhesselohe bis St. Emmeram im Norden hat die Isar ein Gefälle von 35,5 Metern (2,6 Promille; zum Vergleich: in Tour 1 um 15 Promille). Im Schnitt fließen pro Sekunde (!) ca. 320 Kubikmeter (= 320.000 Liter!). Früher bei Hochwasser bis 1400 m³, heute dank Sylvenstein-Speichersee auf 800 m³/Sek. reduzierbar, z.B. Pfingsten 1999. Mit den angegebenen Wassermenge auf der alten Tafel waren offenbar nicht alle einverstanden.

„Den Burgfrieden von München durchfließt die Isar von Großhesselohe bis St. Emmeran innordöstlicher Richtung in einer Länge von 13700 Meter bei 35,50 Meter absolutem Gefälle. Ihre Wassermenge wechselt zwischen ... ... Sekunden-Kubikmeter."

ne haben übrigens – drum sei's erwähnt – einen Bezug zu unserer Isar: Sie wurden aus Lehm gebrannt, der wiederum aus Staub entstand, der aus den Moränen des eiszeitlichen *Isar-Loisach-Gletschers* ausgeblasen wurde.

Ein Zentrum der alten Münchener Ziegel-Industrie war der rechtsufrige Vorort Berg am Laim. Bayerisch – besser bairisch – *Laim* bedeutet „Lehm". Mehr zum Scheinproblem *bairisch/bayerisch* übrigens im Kasten S.194

Ein paar Schritte von der Isar westwärts: Maximilianstraße, Hotel Vierjahreszeiten und ringsum jede Menge Luxus.

Trotz schöner Fassaden etwas steril wirkende „Auto-Meile" der linksufrigen Isarparallele.

Als bei der 1.Auflage das folgende Kapitel gegen eine (un-)ziemliche Sterilität des linken innerstädtischen Isar-Ufers geschrieben wurde, kam mir das vor wie ein Sakrileg: Darf man so etwas denken & schreiben?

Etwas später forderten *die Grünen* mit ähnlichen Worten dasselbe. „Mehr Leben, städtisches Flair, Ufer zum Stadtzentrum öffnen. Die Stadt wendet der Isar den Rücken zu."

Da war ich aber froh!

ZEIGT MÜNCHEN SEINER ANGEBETETEN ISAR DIE KALTE SCHULTER?

Die Isar umfließt die Museums-
insel, unmittelbar darauf die kleinere *Praterinsel*, ein Traumziel für
Isar-Wanderer. „Canale Grande"
wird dieser Abschnitt gern genannt, unter Anspielung auf
München als „nördlichste Stadt
Italiens", einer der vielen Beina-
men der bayerischen Metropole.

Aber irgendwie lässt einen das
Gefühl nicht los, dass „Deutschlands heimliche Hauptstadt" ihrem angebeteten Fluss **zu sehr
die kalte Schulter zeigt**. Sicher: Die linksufrige Isar-Paralle-
le mit hohen, alten Bäumen und prachtvollen Fassaden auf der Landseite wirkt sehr eindrucksvoll! Aber
hier ist nicht mehr als eine rauschende Auto-Meile.

Man vermisst südliches Fluidum. Kaum Flanier-Aus-
strahlung, kein lauschiges Ufer-Café (es muss ja nicht
gleich was Großes und Kommerzielles her, wie mal an-
geregt wurde). Nur kalte, nichtsdestotrotz ansehnliche
Pracht. Es geht weiter in Gestalt des ansehnlich breit
ausladenden, rechtsufrigen **Maximilianeums**, Münchens „Akropolis". Dort, hoch droben auf dem Ostufer, residiert der Bayerische Landtag an der östlichen
Verlängerung der Maximilianstraße (links oben im Luft-

*Kaimauern des „Canale
Grande" an der Isar
(linkes Ufer).*

*Bei der Corneliusbrücke
gibt's nun alljährlich eine „Strand-Saison": der
Kulturstrand (leicht er-
reichbar: U1/U2 Fraun-
hoferstraße)*

*Am Friedensengel:
Die Dame mit der Wein-
traube repräsentiert die
ex-bayerische Pfalz.*

ISAR **173**

Innerstädtisch das Feinste vom Feinen: Isar-Arme, Prater-Insel und Kaskaden beim Maximilianeum (re. angeschnitten).

Wanderbar - Wunderbar!
Fußgänger-Stege über Wasser oder in dichtem Grün. Isar-Radweg auf dem rechten Ufer.

Café Roma, Maximilian-straße und Kaskaden im „Gebauten Fluss" bei der Maximilian-Brücke, siehe im Luftbild oben.

bild S.174). Die gilt als Münchener top-Adresse. Wem der Sinn nach Deftigem steht: Ein Abstecher nach Südwest führt zum *Platzl* und zum *Hofbräuhaus* (Platzl Nummer 9). Auf dem Rückweg zur Isar, vorbei am *Café Roma,* spürt man deutlich, dass das turbulente Shopping-Leben in der Maximilianstraße östlich der Bausünde des Altstadtring-Durchbruchs oder ab Max-Monument (also Richtung Isar) drastisch nachlässt.

Prachtvoll auch die nächste Attraktion an der Isar: Der golden schimmernde **Friedensengel**, die Verlängerung der Prinzregentenstraße schützend. Zwischen dem „Volksbad" beim Deutschen Museum, Maximilianeum und Friedensengel durchziehen schöne Wege das naturparkähnliche östliche Hochufer.

Klasse-Abschnitt der innerstädtischen Isar: Hier lässt sich vor rauschenden Isar-Kaskaden und auf einmalig angelegten Stegen deutlich angenehmer promenieren und radeln als gegenüber an der Isar-Parallele.

Die Kaimauern der Isararme wirken majestätisch. Hochwasserschutz hat im Stadtgebiet Vorrang vor Natürlichkeit.

Theoretisch hätte in dominierender Lage auf der Isarhöhe so etwas wie die Dresdener Semper-Oper entstehen können: 1864 bat Richard Wagner den Baumeister, dort oben ein Festspielhaus zu projektieren. Daraus wurde nichts, weil Wagner München verlassen musste – ob das nun gut war für die Landeshauptstadt oder nicht, mag jeder selbst beurteilen.

Verwandelte alte Isarau-Landschaften:

HOFGARTEN, ENGLISCHER GARTEN, HIRSCHAU

Richtung Norden wird's auf dem Ostufer nach so viel Superlativen relativ eintöniger, so dass wir uns noch einmal von der Isar ab- und dem Zentrum zuwenden. In diesem Falle auf der Prinzregentenstraße Richtung Prinz-Carl-Palais. In dessen

Nähe lohnt ein Spaziergang im streng geometrisch gestylten **Hofgarten.** Mit der gelben Theatinerkirche im Hintergrund wirkt München an einem lauen Sommer- oder Föhn-Tag in der Tat so richtig italienisch oder französisch – ein totaler Traum und durchaus Highlight einer Reise.

Doch zurück Richtung Isar. Beim *Haus der Kunst* – dem umfunktionierten, gottlob an der Westseite inzwischen etwas zugewachsenen Monumentalbau aus der NS-Zeit – schließt nördlich der **ENGLISCHE GARTEN** an. Er entstand aus altem Isar-Auwald und ist das Kontrastprogramm zum getrimmten Hofgarten. Anfangs als Militär-Garten zur Truppenversorgung gedacht, wurde er 1789 unter Kurfürst Karl-Theodor zum lockeren Park umgestaltet. Wunderschöne Promenierwege zum Monopteros-Tempelchen, zum Chinesischen Turm und zum künstlichen Kleinhesseloher See mit dem *Seehaus.*

*Nach viel Natur mal das totale Gegenstück: Der im 17. Jh. geometrisch gestaltete, City-nahe **Hofgarten**. Er prunkt zwischen der Residenz und dem weiter nördlich natürlicher angelegten **Englischen Garten.***

Eisbach im Englischen Garten.

Weitere München-Bilder bei den topographischen Karten S. 232 und 234

Durch den 364 Hektar weiten Park strömen einige Bäche, z.B. der *Schwabinger* und der *Oberstjäger-meisterbach.*

Weiter nach Osten, zur Isar hin, brodelt der *Eisbach* und zieht zunehmend coole Wellen-Surfer an. Vielerorts auch wieder mal Nackerte... Die haben sogar Eingang in fernöstliche Reiseführer gefunden, so dass für staunendes internationales Publikum gesorgt ist. Allerdings wurden Klagen laut, dass sich die Freizügigen im Gegensatz zu früheren Jahren nun rar machen... Es wurde gar Schließung von Park-Teilen angedroht wegen immenser Verschmutzung. A propos *Teile*: Der Mittlere Ring teilt den Englischen Garten. Man plant, diese Bausünde durch Untertunnelung zu beseitigen. Schaun wir mal...

Nahezu übergangslos geht der Englische Garten in die **HIRSCHAU** über. Man kann's sich schon denken: Auch sie ist ein Relikt ehemaliger Isar-Auwälder, ein altes Jagdgebiet. Heute wird nicht mehr gejagt, sondern flaniert, wobei sich der Durst beim *Aumeister* löschen lässt, einem riesigen Biergarten ganz im Norden, nahe dem Föhringer Ring. Von hier bis zum „italienischen" Ausgangspunkt am Hofgarten sind's je nach gewählter Route rund acht Kilometer. Welche Großstadt hat eine solch große grüne Lunge bis fast ins Zentrum?!

Auch das ist München: *Obdachlose (das muss aber in der „Weltstadt mit Herz" nicht sein) unter Brücken bei Hochwasser.*

Jede Menge Varianten gibt's für Isarufer-Radler im Stadtbereich. München ist auf bestem Weg, zur fahrradfreundlichsten Metropole Deutschlands zu werden. Einfach den grünen Schildern folgen. Vorschlag: Auf dem rechten Ufer bleiben, dann auf kürzestem Weg hinüber queren zum Englischen Garten und weiter nördlich über den *Holz-Steg (St.Emmeram-Brücke)* wieder auf dem offiziellen *Isar-Radweg* auf dem rechten Ufer. Nach Norden Richtung Freising folgen, dann bequeme Radwege auf beiden Ufern. Übrigens gibt's zum offiziellen *Isar-Radweg* auch jede Menge Alternativen.

Die isarnahen Radwege in München sind mit grünen Schildern bestens markiert.

Der perfekt ausgebaute, nahezu kreuzungsfreie Isar-Radweg verläuft auf dem rechten Ufer.

Oft verliert man im Grün das Gefühl, inmitten einer Großstadt zu sein!

Richtiges Wandern mit Rucksack und Wanderschuh ist in einer Großstadt wohl nicht so üblich. Hier geht's eher um Promenieren. Allerdings ist der Flaneur etwas flexibler als der Radler und auch sonst im Vorteil. Vorschlag: Vorrangig auf dem rechten (Ost-)Ufer bleiben (besonders im Bereich Deutsches Museum - Friedensengel mit seinen schönen Stegen). Exkurs Isartor/Marienplatz oder auf der Maximilianstraße Richtung Residenz + Hofgarten.

Der Englische Garten als größte innerstädtische Parkanlage Deutschlands ist logischerweise ein weites Feld für Fußgänger (und Nackerte). Man muss das jedoch nicht zu eng sehen: München hat mit Abstechern zur Innenstadt Dutzende interessanter Weg-Varianten im Angebot. Nicht zuletzt an der Isar...

Flanier-Erlebnis: Links ein Kanälchen, rechts ein Isar-Arm. Kühn angelegter Steg zwischen Maximilianeum und Mariannenbrücke.

Mosaik
Mittlere Isar

Im flacheren Land nördlich von München wirkt die Isar trotz vieler Sohlrampen abseits der Beton-Adern zum Teil durch-aus reizvoll-lieblich, wie in Zentral-Frankreich.

*Nördlich vom Ober-
föhringer Wehr*

NIEDERBAYERN

*Ruhig strömt der Fluss dahin. Neuerdings ist die Isar wieder
Bade-Ziel. Eine Kirche lugt über den Hochwasserschutz- und Kanal-
Damm. Die Entfernung zur Mündung ist nur noch zweistellig.*

Mittlere und Untere Isar

ISAR-AUSBLICK NACH NORDEN BIS PLATTLING

Freising 36km
Unterföhring 7km
Aumeister 6km
Englischer Garten 0,5km

Fluss-km 140 bis 0 = 140 km

0   50   100   140 150

Gefälle: 489 bis 310 m = 179 m

Allgemein: Der Isar wird beim Isarwehr Oberföhring wieder mal ein Teil ihres Wassers abgegraben, das den „Speichersee Ismaning" füllt und dann per „Mittlere-Isar-Kanal" zum Moosburger Stausee geleitet wird. – Der seit 2002 Wasser-angereicherte „Restfluss" dümpelt nordwärts nach Freising, nimmt dann Nordostkurs via Moosburg, Landshut, Dingolfing, Landau und Plattling, wo er in die Donau mündet. Viele Stauseen. Sanftes NIEDERBAYERN

Ausgangspunkt: Oberföhring, re.Ufer.

Zielpunkt: Plattling, Fluss-Kilometer 140 bis 0 = 140 km. (Finale siehe Tour 13)

Kartenempfehlung: Generalkarte 1:200.000 Blatt 23 (München/Freising/Landshut) und anschließend 30 Dingolfing/Plattling/Isarmündung. Zur Mündung unsere **topogr. Karte in Tour 13.**

Tourencharakter: sehr leicht. Gute Radwege. Insgesamt in Relation zur Oberen Isar eher gleichförmig, aber trotz der vielen Stauseen nicht reizlos. Nichts für Bootstouren.

Für Autofahrer: gut ausgebaute, nicht überlastete Fernstraßen, da parallel Autobahn-Alternative.

Höhenunterschied: München bis Mündung 179 m (Gefälle ca. 1,2 Promille, gegen Ende unter 1 Promille sinkend).

Attraktionen: Alte Städte wie Freising und Landshut. Vergleichsweise einsame, ruhige Landschaft, streckenweise mit schönem Hügelcharakter. Voraus Bayr. Wald.

Von Südwesten gesehen: Isar und Landshut, Hauptstadt Niederbayerns.

Kein Zweifel: Die Zone nördlich von München ist ziemlich benachteiligt. Aber bei der Isar hat sich in letzter Zeit doch einiges getan, so dass die **Mittlere Isar** als Ziel interessant wurde, vor allem für Radler.

Im Norden der Landeshauptstadt erstreckt sich die etwas einförmige *Münchener Schotter-Ebene,* die nach den Eiszeiten von Schmelzwasser-Fluten mit Kiesgeröll aufgeschüttet wurde. Auf eher kargem Land bildeten sich Kiefernwälder und Moore, z.B. das *Erdinger Moos,* heute trocken gelegt und teilweise vom Großflughafen München vereinnahmt. Das meiste Isarwasser wird ab Oberföhringer Wehr wieder mal abgezweigt und strömt nach Landshut durch den *Mittlere-Isar-Kanal* (nicht, wie auf vielen Karten zu lesen: Mittlerer Isar-Kanal).

Immerhin wird der Isar seit 2002 ein (relativ!) ordentliches Quantum an Wasser zugestanden. Man wird ja bescheiden...

Außerdem werden nach und nach viele der zahlreichen Oldtime-Beton-Sohlstufen zu „rauen" Rampen aus Naturstein rückgebaut.

So kam die Mittlere Isar wieder zu etwas mehr Reiz. Viele Städ-

Prägend für die Isar nördl. München sind die Sohlstufen, Gefällebremsen. Zum Teil extrem betoniert wie das Möllwehr (Luftbild rechts neben dem Möll-Steg). Fast 4 m Beton-Mauer! Für Fische nicht passierbar, für Menschen gefährlich. „Todeswehr" hieß es nach Unfällen.

Unten: 2010 wurde das Möllwehr „durchlässig" und rau umgestaltet.

ISAR **181**

Die Isar-Umgebung nördlich von München ist ebener als im Süden, aber nicht reizlos.

„Urheiliges" **Freising**: *Viel älter, einst machtvoller als München. Im Domberg mit restauriertem Marien-Dom steckt viel bairische Kultur.*

te wären froh, solch einen Fluss zu haben, auch wenn für bayrische Maßstäbe der Charme des Oberlandes mit den Alpen fehlt.

Für Bootsfahrer ist dieser Abschnitt vergleichsweise weniger interessant: zu viele Sohlrampen, oft ohne Umtragemöglichkeit.

Aber Radler kommen am familienfreundlichen, gut ausgebauten *Isar-Radweg* auf dem rechten Ufer durchaus auf ihre Kosten. Zudem gibt's weitere Wege, z.B. neben dem Mittlere-Isar-Kanal nach Moosburg (aber nicht perfekt ausgebaut).

Bei der „geistlichen Stadt" **Freising** wird die eher monotone Landschaft wieder interessanter: Hier stößt die Isar an welliges Hügelland, das während der Eiszeiten nicht mehr im direkten Einflussbereich der Gletscher lag. Feiner Staub, der aus den Endmoränen herausgeblasen wurde, bedeckte jedoch das Land. Daraus entstand *Löß,* ein fruchtbarer Boden, der Niederbayern zu einer Kornkammer machte. In der nördlicheren Hallertau wird Hopfen produziert für das „flüssige Brot", fürs bayrische Bier .

Freising, dessen heller Marien-Dom auf dem Domberg schon von weitem über der Ebene erkennbar wird, ist viel älter als München und war einst auch bedeutender, mit gewaltigen Besitztümern selbst tief im Al-

penland: Bis Slowenien und bis zur Isar-Quelle bei Scharnitz, womit sich der Kreis unserer Touren wieder schließt. Schon um 700 wurde in Freising eine Burg der bayerischen Herzöge errichtet. Nachdem Heinrich der Löwe 1158 München gegründet und eine eigene Brücke über die Isar geschlagen hatte, ging's mit Freising bergab.

Tipp: Knapp südlich von Freising liegt *Weihenstephan*, die älteste Brauerei der Welt. „Der Ursprung des Bieres", sagt man stolz. Das gute Weihenstephaner Bier kriegt man natürlich nicht nur in Weihenstephan, sondern auch am Fuß des Freisinger Dombergs und anderswo.

Kraftwerk im breiten Isar-Urstromtal.

Freising ist über die sanft abfallende Schotterebene von München aus per Rad gut erreichbar, das Städtchen lohnt den Abstecher.

Man sollte dann aber durch sanfte, fast französisch wirkende Landschaft neben der Isar noch weiter radeln bis zur „Hut des Landes": **LANDS-HUT** (nur noch 395 m hoch gelegen), denn die Stadt unter der Burg Trausnitz wirkt charmant und war ab 1204 Residenzstadt von Herzog Ludwig I. von Bayern. Also Konkurrenz zu München. Martinskirche und vitales Isar-Ufer. Hier beginnt die **Untere Isar** bis zur Mündung nördlich von Plattling.

Landshut: Perle an der Mittleren Isar. Schöne Altstadt an geteilter Isar, mit Martinskirche und Burg Trausnitz.

Wer vor etwa ein oder zwei Jahrzehnten die Isar zwischen Landshut und Plattling besucht und auch befahren hat, wird vieles nicht mehr wiedererkennen. Es gehört nun mal zum Lauf der Zeit, dass Wasserkraft ge-

Bei Hochwasser rauscht sogar die Untere Isar. Ansonsten müht sie sich still von Staustufe zu Staustufe.

Stille Frühherbst-Stimmung: Mächtig breit ist die Isar bei Niederpöring. Aber ihre Kraft ist nicht mehr sichtbar: Sie ruht zur Energie-Erzeugung im Rückstau des Pielweichs-Stausees.

Im Hintergrund grüßt der Bayerische Wald.

nutzt und ein Fluss in Teile portioniert wird. Wo einst in Karten und in natura unser ohnehin nicht mehr reißendes Isar-Wasser weit verzweigt der Donau entgegen strebte, findet sich nun - oje! - eine Kette von Stauseen für Strom-Erzeugung und zur Stützung der Fluss-Sohle: Dingolfing (360 m), Gottfrieding, Landau (344m), Ettling, Pielweichs (319 m) bei Fluss-km 10 ab der Mündung in die Donau.

Straßen wurden an der Unteren Isar „zeitgemäß" ausgebaut, und auch eine Autobahn ins Isartal betoniert: die A92 mit Ziel Deggendorf, nördlich der Isarmündung.

Geblieben sind die kleinen Juwele, die immer noch auf Entdecker warten: Etwa Schloss und Kirche von Nieder-Pöring, auf dem rechten Hochufer, zwischen Landau und dem ansprechende **PLATTLING.** Es liegt auf nur 320 m Höhe in der fruchtbaren Ebene des niederbayrischen *Dungau* (Donau-Gau).

Im platten Land mündet die x-mal von Staudämmen ruhig gestellte Isar 142 km nördöstlich von München in die Donau (Tour 13). Höchster Hügel in Plattling soll der Isar-Damm sein – das müssen wir noch vermessen...

868 wurde die Stadt in einer Urkunde erwähnt, also rund 300 Jahre vor München! Die Grafen von Bogen

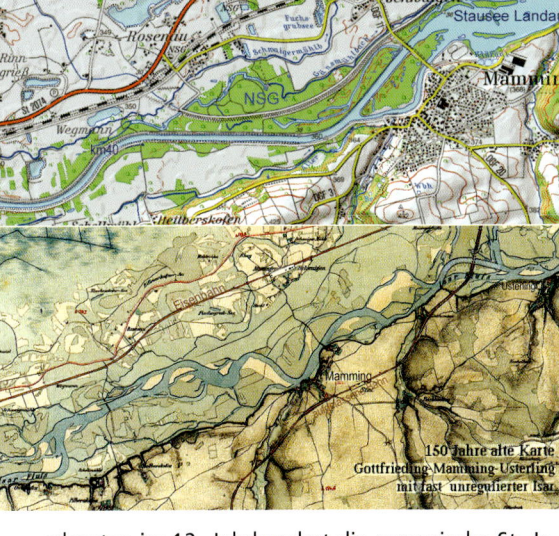

Teil der Unteren Isar : Oben mit Stauseen und links derselbe Fluss-Abschnitt nahezu unreguliert vor ca. 160 Jahren .

150 Jahre alte Karte Gottfriedung-Mamming-Usterling mit fast unregulierter Isar

erbauten im 12. Jahrhundert die romanische St.-Jakobskirche. Plattling lag damals auf dem rechten Ufer. Erst nach verheerendem Isar-Hochwasser wurde der Markt 1379 aufs sichere linke Ufer verlegt. Zwischendurch machten sogar die Nibelungen hier von sich reden. Heute zeigt sich das 13000-Einwohner-Städtchen in heiterem Gewand. Die Isar rauscht am östlichen Ortsrand über die *Plattlinger Welle* und hat nur noch 9 ruhige Kilometer bis zur Mündung vor sich.

Unten: Wie so viele Orte an der Unteren Isar hat sich auch Plattling heiter pastellfarben herausgeputzt. Die Isar ist präsent, nicht zuletzt mit einem Hotelnamen.

Kontrast dazu: Die streng romanische St.-Jakobs-Kirche auf dem rechten Ufer (Innenaufnahme S. 187).

Hotel Zur Isar

„Unterste Isar"

RUND UM DIE
ISAR-MÜNDUNG

Beschauliches letztes Dörfchen an der „Untersten Isar". Ufer sind geprägt von hohem Auwald.
Witziger (?) Wegweiser zur Mündung. Mit zielführender „Baum"-Wegmarkierung im Dekolleté.

Fluss-km 8,5 bis 0 = 8,5 km
Gefälle: 318 bis ca. 310 m = 8 m

Hotels-Gaststätten: Reichlich in Plattling, Vilshofen (Donau). - *Maxmühle* beim "Isarhaus" (vom Ufer aus erreichbar). - Am Donau-Ufer: *Mühlhamer Keller* mit Terrasse. - Nieder-Alteich.

Campingplätze: Deggendorf. In Plattling null.

Wohnmobil-Standplätze: Plattling, Freibad: ausgeschildert südlich der Zufahrtsstraße B8. Vilshofen: Im westlichen Ortsteil, etwas laut zwischen B8 und Donau.

Boots-Einstieg: Oberhalb oder unterhalb der Plattlinger Welle, nördlich der Bahn- und Straßenbrücke (s. Text).

Ausstieg: An der Isarmündung wegen mühsamen Boots-Transports ungünstig, z.T. schlechte Wege. Einfacher (auch für Rückfahrt nach Plattling): Donau-Ufer beim Mühlhamer Keller

Radler-Info: Die meisten Wege sind bestens beschildert und befahrbar. Die letzten paar hundert Meter zur Mündung sind - vor allem bei Nässe - nicht zu empfehlen (Absturzgefahr vom Hochufer)! Nur für Wanderer. Radvermietung: 09938-903304

Taxi: für eventuellen Rücktransport ab Mülhamer Keller bzw. Pleinting usw.: Vilshofen Tel 08541-916691 oder 7203. Plattling: 09931-2200.

An der Isarbrücke von PLATTLING (Tour 12) sieht der ausschließlich autofahrende "Otto-Normalverbraucher" die Isar zum letzten Mal. Fahr- und Wander-Tipp Richtung Isarmündung: Abstecher von der B8 bei MOOS Richtung Isarmünd (knapp 6 km, siehe unten).

Von der Brücke lohnt sich der kurze Weg zu den Parkplätzen an der fantastischen **Plattlinger Welle**: Ein bei erhöhtem Wasserstand rauschendes Intermezzo für Wellen-Surfer und Wildwasser-Kajaker, bevor die Isar für die letzten 8,5 km im Naturschutzgebiet Richtung Isarmündung entschwindet.

Zweimal Plattlinger Welle

An der Welle ist auf beiden Ufern bis in den Herbst hinein immer was los, vor allem, wenn über der Sohlschwelle genügend Wasser im Fluss ist. Sogar WW-Meisterschaften gehen hier über die Wasserbühne.

Das dürfte viele erstaunen: Wildwasser-Rodeo an der sonst so müden Unteren Isar. - Kontrast: die romanische St.-Jakob-Kirche.

Lohnend ist aber auch die Isar-nahe **Kirche St. Jakob**, "Plattlings romanisches Juwel". Mal etwas ganz anderes. Die Basilika mit ihren schönen Rundbögen wurde zwar in spätgotischer Zeit erweitert, hat aber ihren romanischen Charakter behalten: Re-Romanisierung anno 1856.

KAJAKFAHRT VON PLATTLING ZUR MÜNDUNG IN DIE DONAU

Die zur Mündung folgende Abschnitt ist für Naturfreunde ein Aha-Erlebnis, für Kajaker vielleicht etwas enttäuschend. Da ist nichts zu sehen von wilder Natur-Isar: Der Fluss ist reguliert, mit befestigten Ufern bis zur Mündung. Wir haben sie bei mäßigem Hochwasser befahren, und da kam bei sanftem Gleiten viel Freude auf: Laut plätschernde Abflüsse in Altwasser-Arme, Was-

ser-Rauschen an angeschwemmten Bäumen, Natur pur trotz der "Kanal"-Ufer.

Bei Niedrigwasser dürften Kajaker nicht sehr begeistert sein, im Gegensatz zu Wanderern im Urwald nahe der Mündung, die nebenbei das großartige *Isarhaus* bei der Maxmühle en passant "mitnehmen" können (siehe Kasten). Wanderer sind vom Mündungsgebiet überwiegend begeistert. Auszug aus dem Gästebuch

Hier haben wir so richtig den Kanal voll: Bei reichlich Wasser bereitet die Unterste Isar den Kanuten Spaß.

Wir nennen den allerletzten Abschnitt der Unteren Isar **Unterste Isar,** ein bezeichnender, aber nicht-amtlicher Phantasiename wie die *Oberste Isar* zwischen Ursprung und Scharnitz.

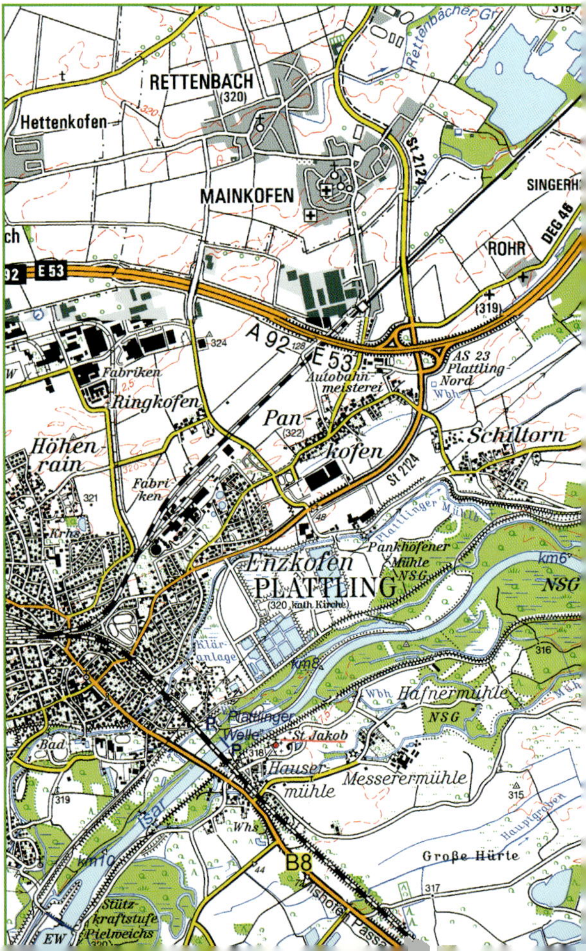

Die topographische Karte zeigt sehr detailliert das **MÜNDUNGSGEBIET DER ISAR.**

Damit sind Radtouren und Wanderungen auf beiden Ufern möglich, wobei ich das rechte mit Isarmünd und dem Infohaus Isarmündung (kurz Isarhaus) vorrangig empfehle.

Gut zu erkennen sind im SO die alten gewundenen Fluss-Arme der Isar („Altlaufbögen").

"Leben braucht Vielfalt"

INFOHAUS ISARMÜNDUNG

Für jeden Isar- und Naturfreund sollte ein Besuch dieses liebevoll gemachten Natur-Museums an der Maxmühle (zwischen Moos nördl. der B8 und Isarmünd) ein Muss sein. Es ist fantastisch!

Die Zufahrt ist ab der B8 gut beschildert. Der Eintritt ist übrigens erfreulicherweise kostenlos, wäre aber ein paar Euro durchaus wert!

Auf 250 qm wird der Lebensraum rund um die Isarmündung vielfältig dargestellt, samt Flora & Fauna sowie deren Lebensbedingungen und Wanderungen an den "Wanderachsen" der so unterschiedlichen Flüsse Donau und Isar. Man lernt nebenbei und spielerisch auch allerhand über die Obere Isar. So wird etwa die Herkunft bestimmter Gesteine anschaulich erklärt, - alles ideal auch für Kinder!

Im Außenbereich wurden Wanderwege angelegt: *Infohaus-Runde* bis zu einem Aussichtsturm am Isarufer (5,5 km, 2,5 Stunden rot markiert). Oder die *Grieshaus-Runde* (Donaudamm und Isarmündung, 7 km, 3 Stunden, orange-Markierung. Unsere Empfehlung Nr.1).

Auf dem linken Isarufer die *Altholz-Runde*: 5,5 km, 2,5 Stunden ab *Reiterstub'n* in Altholz. Grün markiert. Bei hohem Wasserstand sind nicht alle Wege passabel!

Öffnungszeiten: Anfang April bis Ende Oktober, Mittwoch bis Sonntag 10 bis 17 Uhr. Außenbereich ganzjährig zugänglich.

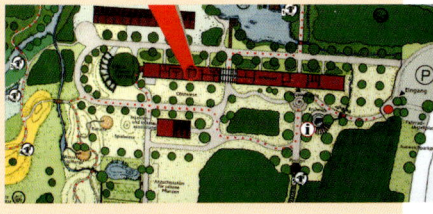

beim Parkplatz knapp nördlich von Isarmünd: "…wenn's die nahe Autobahn nicht gäbe, wär' es traumhaft". Mit dem massigen AB-Brückenpfeiler nördlich der Isarmündung auf etwa 310 m Höhe kann man noch ganz gut leben, quasi ein moderner Markierungspunkt. Aber der Auto-Lärm zerstört die Urnatur-Idylle mehr als die zeitweise lästigen Mücken und Schnaken.

Kajaker können immerhin ausweichen und ein paar km mit großen Fluss-Schiffen donauabwärts fahren Richtung NIEDER-ALTEICH und WINZER. - Winzer? Dabei kann man der Römer gedenken, die hier und in Windorf Wein anbauten!

Ein Pylon der AB-Brücke markiert die Mündung (Isar von links). In der Donau wird der Boot-Fahrer um Erfahrungen reicher: Große Pötte, Wellengang. Unten: Mündung der noch grünen Isar in die „Blaue (?) Donau".

Generell lässt sich sagen: Das große Mündungsgebiet wurde in den letzten Jahren enorm aufgewertet. Es gibt nun Informationen satt und auch perfekte Wegweisungen. Der allerletzte Weiler **ISARMÜND** ist zwar an der B8 Straubing-Plattling-Passau nicht eigens ausgeschildert. Man kann jedoch dem braunen touristischen Wanderweg-Hinweis zum *Isarhaus* (siehe Seite 189) bei der *Maxmühle* folgen, wo Sie jedoch entgegen den Vermutungen vieler Besucher noch nicht auf die Isarmündung stoßen! Zu selbiger ist es via Isarmünd von der Maxmühle aber nur noch ein Katzensprung.

Vom kleinen Parkplatz am Deich nördlich des Dörfchens Isarmünd können Sie etwa 1,2 km auf anfangs recht festem, geschotterten Fahrweg wandern bis zum letzten Isar-Kilometer. Bei hohem Wasserstand könnte der mit Symbol "Baum" markierte Pfad unpassierbar sein.

Auch der letzte knappe Kilometer bis zum Punkt, wo "die Isar die Donau küsst", hat es in sich: Haarscharf am Rand des Hochufers, mit Abrutsch-Gefahr bei Nässe. Und oft mit vielen Moskitos… (vgl. dazu die Kanu-Info S. 192/93). Weitere Wanderwege: siehe im Kasten *Infohaus Isarmündung* S. 189.

Die gesamte Region zwischen Plattling und der Isar-Mündung ist ein Dorado für Radler. Die Höhenunterschiede im Mündungsgebiet tendieren gen Null. Alle Wege sind gut beschildert, z.B. auf dem rechten Ufer über die St.Jakobs-Kirche (romanisch) nach Isarmünd. Der *Isar-Radweg* endet übrigens offiziell nicht an der für Radler schwer zugänglichen Mündung, sondern in Niederalteich (Donaufähre). Das *Isar-Haus* ist unterwegs ein Muss, mit der Jausenstation *Maxmühle*.

Von Isarmünd bis zur Isar ist der Weg passabel, aber ohne den hohen Standard des Isarradwegs. Am Fluss angelangt, sollte man das Rad abstellen, denn der schmale, oft glitschige Hochuferweg zur Mündung ist

Wo die grüne Isar die blaue Donau küsst: Abendliches Finale an der Isar. Mündung in die von links (Deggendorf) heran strömende Donau. 2282 km geht unser Berg-Fluss nun mit dem großen Tiefland-Fluss auf Tour zum Schwarzen Meer.

für Radler nicht geeignet, vor allem nach Regen oder nach Hochwasser. Das gilt übrigens für fast alle Wege. Bei feuchtem Wetter sind Gummistiefel nicht schlecht...

 Die optimale Einsatzstelle für Kanu-Fahrer auf der *Untersten Isar* liegt unterhalb der "Plattlinger Welle", sowohl rechts- als auch linksufrig. Beidseits gute Parkmöglichkeiten. Die Höhe hier: 318 m. Auf den 9 km bis zur Mündung kaum 10 m Höhenunterschied, das schafft die *Oberste Isar* bei Scharnitz auf ein paar Dutzend Metern...

Zufahrten von Plattling zur Plattlinger Welle. 1. Westufer: An der Esso-Station nordwärts, über den Deich und dann ostwärts zur Isar. Dieser Ort ist meist recht umlagert. Etwas nordwärts ist eine Ansaugstelle als Gefahrenzone markiert, doch das dürfte für Bootsfahrer weniger relevant sein, wenn man flussab der Plattlinger Welle schnell in den Stromzug steuert.

2. Östlich der Straßenbrücke zur markierten Zufahrt von der B8 bei der Beschilderung "Friedhof - Kirche St. Jakob" (im nahen Gasthaus gibt es aktuelles Info-Material über das Mündungsgebiet). Nördlich der Unterführung gleich links halten. Man darf mit dem Auto bis zum Ufer fahren, das gibt's an der Oberen Isar sehr selten!

Nun zur Bootsfahrt: Etwa bei Fluss-km 8 beginnt das Naturschutzgebiet. Hier kann man fernab aller Zivilisations-Anzeichen dahin gondeln, langsam bei Niedrigwasser, etwas flotter bei höherem Wasserstand. Künstliche Pflanzungen von Pappeln gehen allmählich über in Natur-Hartholzwald und Weiden. Informationen dazu im *Isarhaus*, das auch Kanuten zuvor besucht haben sollten. Wegen der bis zum Finale befestigten Ufer des "Kanals" kommt jedoch nur selten ein richtiger Natur-Eindruck auf. Man treibt dahin in Hohler Gasse, abseits uriger Altwasser-Arme. Trotzdem wird dies als „einzige intakte Mündung eines Alpenflusses in die Donau" bezeichnet.

Die Strömungsgeschwindigkeit ist gering, kein Wunder beim geringen Gefälle im Flachland des Mündungsgebiets (s.o.). Hier ist nichts mehr zu spüren von *Isara rapidus*, der „Reißenden". Nur bei reichlich Wasser ist an den künstlichen Buhnen-Inseln im Mündungsbereich etwas Vorsicht geboten. Ansonsten gleitet man sanft und anfangs untermalt von Autobahn-Lärm in die Donau, bei deren Fluss-km 2282. Damit Sie nicht rätseln müssen: Dies ist die Entfernung bis zur Mündung der Donau ins Schwarze Meer, nördlich der rumänischen Stadt Constanta. Dazwischen Österreich, Ungarn, Serbien, Bulgarien. Was unser Isar-Wasser nicht alles mitmacht...

Das sanfte Gefälle bis zum Schwarzmeer muss man sich mal vorstellen: nur 310 Meter auf knapp 2300 km, das sind 0,13 Promille, kaum ein Hundertstel dessen, was sich die grüne Isar auf den ersten 13 km im oberen Karwendel (unsere Tour 1) im Schnitt zugemutet hat!

Etwa 285 km hat die Isar ab ihrer Quelle im Karwendel nun hinter sich. Drei Tage und Nächte braucht das Isarwasser theoretisch für diese Strecke, rechnet man mal Verweilen in den Stau-Bereichen nicht mit ein.

Ein kleiner Steinquader (rechtes Bild) markiert im dichten Gebüsch und Unterholz die Mündung. Da sich ein Boots-Rücktransport von der Mündung nach Plattling schwierig gestaltet, empfiehlt sich eine Weiterfahrt auf

der Donau zumindest bis Mühlham/Niedermünchsdorf (ca 12 Fluss-km) oder bis Vilshofen (33 km bei Donau-km 2249).

<u>Fazit:</u> Im Mündungsbereich kommen Wanderer und Radler zwischen den oft weit zurück liegenden Deichen und dem Fluss eher auf ihre Kosten und zu Erlebnissen als Bootfahrer. Für letztere ist die Mündungs-Tour ein symbolisch krönender Isar-Abschluss, wenn sie die lohnenderen Abschnitte der Oberen Isar zur Genüge ausgekostet haben.

Bet u. Arbeit Gott hilft Dir Allzeit 1946

Wandmalerei in Isarmünd:

Fromme Agrar-Darstellung von 1946: Gäuboden, Donau-Treidel-Fähre und Bayernwald.

Mit erreichter Donau wollen wir unsere Isar damit abschließen.

Rätselhafte Fluss-Kilometer?!

23 = 111 = 259 ???

Bestens vermessen sind unsere Ströme, jeder Fluss-Kilometer (*Fkm* oder *km,* seltener auch mal *Tal-km)* ist bekannt und meist auf Schildern am Ufer angegeben. Das macht nicht nur für Behörden Sinn, sondern auch für Wanderer und Kanuten, denn so lässt sich mit geeigneter Karte im Gepäck unterwegs die Position auch ohne GPS bestimmen.

Mittenwald z.B. findet sich in einem älteren Flussführer unter km 23, in einem anderen unter 111. Und heute (sowie in den topografischen Karten) unter km 259.

23 = 111 = 259…? Eine äußerst seltsame „Gleichung", nicht wahr? Wie ist das möglich? Früher hat man ab der Quelle gezählt, da passte die 23. Später hat man ein erstes Mal umgestellt und rechnete flussaufwärts ab der klar definierten Mündung. Quellen können sich verlagern und das ganze System umschmeißen; die Mündungen sind dagegen meist eindeutig definiert.

Aber zwischengeschaltet wurde dabei im Kanuführer eine *Flusspunktgrenze* in München. Ab dieser begann die Zählung flussaufwärts wieder bei null, was fraglos sehr willkürlich ist. So kam Mittenwald zum Fluss-Kilometer 111, eben ab der Landeshauptstadt.

Dann besann man sich eines Besseren und es kam zur aktuellen Zählung: durchgehend rückwärts ab der Mündung bei Isarmünd/Plattling. Die Schildermacher mussten wieder ans Werk und neue Tafeln ans Isarufer. Nach denen ist Mittenwald nun mit km 259 eindeutig definiert.

Wer sich anhand der Flusskilometer orientieren will, braucht die Topografischen Karten des Bayerischen Landesamts für Vermessung. Auf einigen sind die km-Zahlen neben einem kleinen Dreieck zu finden. Auch in den Touren- sowie Topographischen Karten dieses Buchs sind einige Fluss-Kilometer verzeichnet.

Warum nicht einheitlich?

BAIRISCH? BAYERISCH? BAYRISCH?

Einige Leser stellten verwundert fest, dass verschiedene Schreibweisen für *bayerisch* zu finden sind. Ob man das gefälligst vereinheitlichen könnte?

Das **Y** ist eine recht junge Erfindung, so eine Art Modeerscheinung wie das heutige **x** oder gar **xx,** à la Dax oder Pixx für Pics. Y wurde einst verordnet. *Bayerisch* ist eher amtlich, *Bayrisch* umgangssprachlich. Jahrhundertelang war *Bairisch* allgemeingültig und wird noch für die alte bairische Kultur und für die Mundart verwendet, auch *Boarisch*. Damit hätten wir's dann mit neu-*Bayrixx*…

„Links" und *„rechts der Isar"*

WARUM NICHT WESTLICH/ÖSTLICH?

Kleiner Vorspann, um das "Problem" farbiger zu machen: In Namibia gibt es ein Gebiet mit Namen *Kaokoland*, übersetzbar mit „links vom Fluss Kunene". Zu einer Kaoko-Reisereportage zeterte jemand in einem Leserbrief: „Seit wann dreht man eine Landkarte um 90 Grad, um sagen zu können: Links vom Kunene. Der Fluss fließt in Ost/West-Richtung, somit liegt das Kaokoveld im Süden."

So weit, so schlecht: Flussufer werden nun mal *orohydrographisch** in Fließrichtung gesehen und mit *links* bzw. *rechts* bezeichnet. Vielen leuchtet freilich der Sinn nicht ein. Warum sollte man nicht die Himmelsrichtungen benutzen?

Kann man natürlich auch, aber es ist nicht sehr praktikabel. Beispiel Isar: Allein auf nur 40 Kilometern im Oberlauf ändert die Isar dreimal ihren Kurs; man müsste dann das anfängliche Nordufer zum Ostufer umdeklarieren, nach ein paar km ist es Südufer und das Ganze wechselt dann noch einmal zum Ostufer.

Bei stark mäandrierenden Flüssen in Schlingenform **wären alle vier Himmelsrichtungen für ein und dasselbe Ufer** auf kurzer Strecke möglich.

Die Bezeichnung *rechtes* oder *linkes Ufer* hingegen bleibt von der Quelle bis zur Mündung gleich.

Es ist ja auch sehr einfach zu merken: mit Blick in Stromrichtung. So wie man beim Auto vom *rechten* Scheinwerfer spricht (immer logisch in Fahrtrichtung gesehen). Auch wenn man davor steht und es aus diesem Blickwinkel der *linke* ist. Oder noch nahe liegender: rechter Arm, linkes Bein. Egal, von wo aus gesehen.

In diesem Buch werden die Möglichkeiten *links/rechts* sowie *Ost/West* alternierend verwendet – sonst wird's ja auch zu langweilig ...

* *orohydrographisch*: Wiedergabe von Geländeformen und Gewässern.
Orographie: Beschreibende Gebirgskunde, heute wird eher der Begriff *Geomorphologie* verwendet: Wissenschaft von den Formen der Erdoberfläche und deren Veränderungen.

PEGEL-RÄTSEL?

Nur ein paar Worte gegen die Unsicherheit über das Wesen eines Pegelstands, wir wollen ja niemanden zum Wasserwirtschaftler machen... Pegelstände sind *relative* Angaben über einem recht willkürlich gewählten Punkt Null. Es wird mit dem Pegelwert NIE die *Wassertiefe* unterm Bootskiel angegeben und schon gar nicht der *Durchfluss*, also die Wassermenge. Nur nach dem Pegelstand einzelner Messpunkte sind Befahrungen verschiedener Flüsse nicht vergleichbar.

Pegelstände sind allerdings hilfreich für Bootstouren. Unter Mittelwasser MW kann's Probleme geben, über *Meldestufe 1* wird's u.U. gefährlich. Alle Pegel-Daten sind im Web abrufbar. Suchmaschine: *Pegel + Ort*. Einfach ein paarmal ausprobieren! - Man muss also nicht mehr - wie früher - die Latten-/Böschungspegel in natura suchen oder mühsam telefonisch abfragen.

ISAR-
PRAXIS

Optimal ist die Nebensaison

REISEZEITEN

Mit Ausnahme von Tour 1 können Sie der Isar das ganze Jahr über nahe kommen. Das hoch gelegene Hinter-au-Tal im Karwendel ist im Winter stark verschneit; die Hütten öffnen erst im Juni und schließen Anfang bis Mitte Oktober. Wetterbedingt kann es zu Verschiebungen kommen.   (Info: www.karwendel.org oder www.tiscover.com/Scharnitz).

Telefon Kasten-Alm: 0043-(0)5213-5433 (derzeit nur bis 15. 9. geöffnet!). Halleranger Alm: 0043-(0)5213-5277. Halleranger Haus: 5326.

Im Hochsommer sowie an weiß-blauen Traum-Wochenenden im Frühling und Herbst ist die Isar partiell enorm überlaufen, allerdings nicht überall: Besonders frequentiert ist der Bereich Pupplinger Au sowie südlich der Wolfratshauser Marienbrücke. Auch die Straßen sind dann ungemütlich voll.

Privates Mini-Abenteuer-Land am Isarufer bei Schäftlarn. Auch bei trübem Wetter ist die Isar nicht ohne.

Wer ruhige Natur sucht, sollte Weekend und bayerische Sommerferien meiden - wobei es natürlich viele gibt, die das hautnahe gesellige Leben auf dem Fluss und – oft hüllenlos – auf den Kiesbänken ganz besonders mögen...

Wichtig für Bootstouren ist ein ordentlicher (aber nicht zu hoher!) Wasserstand. Bei Niedrigwasser nach Trockenperioden sitzt man auf den Kiesbänken oft auf, da muss man dann mit viel Schwung fahren und „drüberrutschen". Höherer Wasserstand ist spritziger, bringt auch mehr Tempo und Spaß!

Pegelstände lassen sich im Internet abfragen (ein paar Tage vor der Tour reinschauen und beobachten; in Suchmaschine Ort + Pegel eingeben, z. B. Lenggries Pegel u.ä.). Oder www.hnd.bayern.de. Ab Meldestufe 1 ist die Isar in der Regel für Normalfahrer zu voll!

Sehr schön ist der Frühling mit seinem frischen Grün. Und der Herbst mit den bunten Farben und den Spinnweben des Altweibersommers. Da ist an der Isar kaum etwas los!

Wichtiger Tipp für alle, die die herbstliche Laubfärbung im Gebirge erleben wollen: Wenn es im Alpenvorland und in München so weit ist, brauchen Sie gar nicht erst in die Berge zu starten, etwa zum Farbenspiel am Großen Ahornboden. Wegen der Höhe beginnt der Herbst dort deutlich früher, und es ist dann schon alles vorbei! Also schon bei den ersten Herbst-Anzeichen losziehen.

Der Herbst ist ohnehin die optimale Zeit für die in den ersten Touren erwähnten Bergwanderungen. Meist stabile Wetterlage, klarere Luft als im Sommer. Und geringere Gewitterneigung.

Bootstouren sind auch im Frühjahr und Herbst möglich, allerdings mit besonderer Vorsicht wegen niedrigerer Wassertemperaturen (siehe Kapitel „Gefahren"). Noch ein Tipp für Bootsfahrer: Das Wasser kühlt im Herbst nur recht langsam ab. Daher bedeutet eine Kenterung selbst am Ende eines halbwegs warmen Septembers nicht unbedingt eine Katastrophe (vgl. auch Kapitel „Gefahren").

Jede Zeit ist Reisezeit an der Isar...

Herbst und Winter sind ruhig am Fluss...

...aber im Sommer ist es (wie der unübersehbare Ansturm zeigt) wohl doch am schönsten, am vollsten.

Selbst im Winter kann eine Wanderung am Fluss schön sein. Raureif, Eis am Ufer, Schnee mit schönen Schatten-strukturen. Und märchenhafte Stille ...

Was will man mehr?

Saison für die Gaudi-Floßfahrten: Die beginnt traditionell am 1. Mai und geht bis in den Herbst hinein. Und das bei jedem Wind un d Wetter.

Da gilt wieder – wie bei allen ande-ren Aktivitäten – die alte Regel: Es gibt kein schlech-tes Wetter, nur unzureichende Bekleidung ...

Floßfahrt-Reservierungen sollten frühzeitig erfolgen (Tel.-Nr. Aktueller Anhang).

Mitmachen beim „Wirken fürs Isartal"

DER ISARTAL-VEREIN

Beschilderungen, Rast-Bänke, Wanderwege ... Nur ein kleiner Aspekt der Aktivitäten des Isartalvereins.

„Für das Isartal" – so lautet das Motto des Isartalver-eins, der kürzlich seinen hundertsten Geburtstag feiern konnte. Eine frühe, womöglich die erste „Bürgerinitia-tive", in der engagierte Isar-Fans sich einsetzten für die schon in der angeblich guten alten Zeit vor sich hin kümmernde Natur. Umweltschutz war vor 100 Jahren (und auch noch viel später) völlig unbekannt. „Fortschritt" wurde groß geschrieben mit all seinen vor-hersehbaren (und vom Verein vor-hergesehenen) Fehl-Entwicklungen. Warum sonst musste die Isar in München aufwändig „renaturiert" werden?

Wer sich fürs Wohl des grünen Flusses wirklich interes-siert, sollte Mitglied werden:

Info beim Isartalverein e. V.,   www.isartalverein.de
Uhlandstr. 5, 80336 München.
Tel 089-536465. Fax 089- 543 9651

Organisation - gewusst wie ...

ANREISE UND ÖFFENTLICHE VERKEHRSMITTEL

In den meisten Fällen werden Isar-Touristen ihr eigenes Gefährt für die Anfahrt oder auch für eine Tour mit Wander-Exkursen benutzen, also Pkw oder – ideal! – Wohnmobil. Letztere haben nur eine relativ geringe Auswahl an offiziellen isarnahen Ufer-Campingplätzen (s.u. und in den Touren genannt).

Das gehört auch zur Isar-Tour: Brotzeit auf dem Ufer-Kies.

WOHNMOBIL-REISEN

„Geheimtipp"-Empfehlungen für tolle „freie" Stellplätze wollen wir nicht geben, weil diese dann umgehend keine Geheimtipps mehr wären. In einem dicht besiedelten Land und besonders in einer derart dem Massenansturm ausgesetzten Zone wie dem Isartal ist freies Campen wegen der Vorschriften ohnehin unmöglich (Natur- oder Landschafts-Schutzgebiete!) oder stark erschwert. Wer ein Gespür für das richtige Reisen mit dem Wohnmobil entwickelt, wird sich nicht schwer tun, etwas zu finden – es muss und kann ja nicht unbedingt direkt am Isarufer sein. Wir haben z. B. häufig Bauern gefragt, ihnen ein „mittelgroßes" Scheinchen in die Hand gedrückt und durften in herrlicher Umgebung übernachten. Schon damit landet man im reglementierten Deutschland in einer „Grauzone".

Parken am Fluss ist schon für Pkw schwierig, für Reisemobile nahezu Fehlanzeige.

Spezieller WoMo-Übernachtungsparkplatz direkt an der Isar (im Westteil von Bad Tölz).

Tipps: Parkplätze von Gasthäusern bieten sich zum nächtlichen Verdauen von Speis und Trank an. Auch Parkplätze von Schwimmbädern oder Bergbahnen, soweit nicht ausdrücklich das Abstellen von Wohnmobilen verboten ist. Und zur Not darf man auch eine Nacht zur Wiederherstellung der Fahrtüchtigkeit an normalen Straßen bleiben. Wenn das nicht in heiklen Zonen stattfindet, wird die Polizei nicht einschreiten.

Legale, ausgeschilderte Womo-Übernachtungs-Parkplätze gibt es in *Bad Tölz* (linkes Ufer, s. topogr. Karte).

Nachtparkplatz in *Fall* am Sylvensteinsee sowie am *Walchensee:* Westlich der B11 nahe der Mautstelle der Süduferstraße.

DAS IST DIE FRAGE ALLER FRAGEN:

„Wie kommt man nach der Boots-Tour mit dem Schiffchen zum Auto zurück?"

Es ist wirklich so: Diese Frage kriegt man sehr oft zu hören. Die Antwort ist recht einfach: Das Kanu bleibt am Zielort der Wasserfahrt, man holt nach Ende der Tour sein Auto nach. Fragt sich bei vielen nur: wie?

1) Die Erfahrung hat gezeigt, dass viele ihr Kanu-Erlebnis wegen der Rückholungs-Problematik mit zwei Autos organisieren:

Auto 1 parkt in der Nähe der vorgesehenen späteren Aussetz-Stelle, mit Nr. 2 fährt das Team dann zum Einsetz-Ort. Mit Nr. 1 wird dann das Auto Nr. 2 später abgeholt (Schlüssel für Nr.1 auf der Bootsfahrt mitnehmen und nicht im Fahrzeug Nr 2 am Einsetzplatz vergessen – alles schon passiert!!!).

Diese Prozedur erscheint etwas kompliziert, hat sich bei vielen Teams perfekt eingespielt. Aber: Wenn dann an einem schönen Tag der Team-Partner keine Zeit oder Lust hat, fällt der Ausflug ins Wasser. Dabei gibt es doch eine Menge Alternativen.

2) Rückfahrt zum Auto per Trampen

Man führt die Tour durch. Das Boot bleibt danach bei der Aussetzstelle zurück. Wer allein unterwegs ist, sollte es vorsichtshalber mit einem Schloss an einen Baum oder Mast befestigen.

Daumen hoch, ein Paddel in der Hand signalisiert: „Hier will ein Sportler mitgenommen werden." Außerdem ist sofort klar, dass es sich nur um einen relativ kurzen „Lift" handelt. Dazu sind viele Autofahrer eher bereit als zur Mitnahme auf eine langen Strecke.

Bewährt hat sich ein Karton mit deutlich lesbarem Zielort. Noch ein Tipp: Mit einem Geldschein winken – das wirkt ebenfalls Wunder ...

Achten Sie darauf, dass Mitnahme-willige Autofahrer in der Nähe einen sicheren Platz zum Anhalten finden. Trampen Sie ferner nicht hinter Kurven oder uneinsehbaren Straßenabschnitten. Optimal: Eine Kreuzung, wo ohnehin gestoppt werden muss. Ideal ist zum Beispiel die Kreuzung Puppling (östl. Wolfratshausen) Richtung Süden nach Geretsried, Einöd oder Bad Tölz.

Die Tramp-Methode hat wie Taxi oder ÖPNV gegenüber der „2-Auto-Prozedur" den **Vorteil**, dass der Aussetzpunkt variabel bleibt. Man kann also nach Gusto verlängern oder abkürzen.

3) Fahrrad deponieren

Viele Natur-Fans haben ohnehin schon einen Fahrradträger am Auto. Also ein Bike mitnehmen, am geplanten Endpunkt der Bootstour anketten und später mit dem Fahrrad das Auto von der Einsetzstelle nachholen. Besonders geeignet für kurze und mittellange Bootstouren. Nachteil: Wie 1) wenig flexibel.

4) Rückholung mit Taxi

Am bequemsten ist natürlich der Rücktransport zum Auto per Taxi. Ist zwar der teuerste Weg, aber besser als das unkalkulierbare Trampen. Das tolle Naturerlebnis auf dem Wasser sollte einem die paar Euro fürs Taxi schon wert sein.

Telefonnummern einiger Taxi-Betriebe im Isarbereich finden Sie im Anhang. Fragen Sie vor der Bestellung, ob eine u. U. lange Anfahrt extra berechnet wird. Das wird sehr unterschiedlich gehandhabt.

Im Ortsbereich wird meist nur eine Pauschale angesetzt, doch bei einer Weit-Anfahrt kann der Preis in die Höhe schnellen. Bisweilen kann man einen günstigen Pauschalpreis aushandeln, besonders, wenn man den Trip öfter beim selben Taxiunternehmen bucht.

Beispiel: Ihr Auto steht in Bad Tölz. Sie wollen von Wolfratshausen abgeholt werden und rufen ein Tölzer Unternehmen an. Dann steht schon ein Haufen Euro auf dem Taxameter, wenn Sie einsteigen. Ordern Sie dagegen vom Ortsbereich Wolfratshausen, dann geht es schneller und kostet nur die Rufpauschale – die spätere Rückfahrt des Taxis von Tölz nach Wolfratshausen belastet Ihre Börse nicht.

Bei Tour-Flexibilität kriegt die Taxi-Variante wie 2) viele Punkte.

5) Mit dem Zug oder mit der S-Bahn

Ein bequemes, kalkulierbares Transportmittel. Ideal für Faltboot- und Schlauch-boot-Kanuten sowie für Radler.

Günstig gelegene Stationen sind Mittenwald/Scharnitz via Garmisch-Partenkir-chen mit der Deutschen Bahn.

Ferner Wolfratshausen mit der S-Bahn ab München. Geht prima! Von Puppling ca. 1 km bis zum Wolfratshauser Bahnhof.

Ideal ist die Bayerische Oberlandbahn (BOB) via Holzkirchen nach Lenggries.

Einige Info-Telefonnummern unter „Bahn" im Aktuellen Anhang

Tipp für Wassserwanderer:

Legen Sie sich einen kleinen, zusammenklappbaren „Bootswagen" zu, der bei der Tour mitgenommen wird. Für Kajak-/Kanu- Canadier-Fahrer ist er fast un-umgänglich für den Transport zwischen Parkplätzen und Ein-/Aussetzstellen. Auch für die zusammengelegte „Gummiwurst" bringt der Bootswagen Vorteile. Normale Gepäck-Trolleys sind meist nicht genügend belastbar und im Boot zu sperrig.

> **Tipp:** Wer gern aufs Wasser geht, sollte sich das *Kanu-Magazin* zulegen.
> Neben Booten und Ausrüstung wird kompetent aufs Thema „Sicherheit auf dem Wasser" eingegangen. Bestellung: aboservice@scw-media.de

**Die Isar ist ein harmloser Fluss
Die Isar ist ein gefährlicher Fluss ?!**

RISIKEN AUF DEM WASSER

Hauptsache solide: Hochwertige Schlauchboote mit starker Wandung (ohne Motor!) sind ideal.

Zugegeben: Die beiden Vorzeilen der Überschrift können irritieren. Welche stimmt denn nun? Antwort: Beide!

Jedes Gewässer birgt Gefahren, Seen wie Flüsse. Das Potenzial ist an der Isar vergleichsweise gering, aber natürlich vorhanden. Diesem Restrisiko kann man mit gesundem Menschenverstand und ein paar Vorsichtsmaßnahmen jedoch leicht begegnen.

Bisweilen sieht man auf der Isar so gut wie alles, was schwimmfähig ist: Luftmatratzen, aufgeblasene Autoreifen-Schläuche oder gar Sex-Puppen, billige, verletzliche Plastik-Badeboote, top-Kajaks, Canadier-Kanus bis zu den schon wildwasser- und Expeditions-tauglichen Trekking-Luftbooten, (vulgo: Schlauchboot). Und meistens geht's auch gut mit den billigen Schiffchen. Aber leider nicht immer ...

Kajaks (z. B. Prijon) sind wendig und gut für Wasserwanderungen.

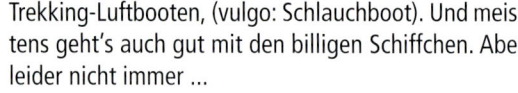

„Für was brauchst denn auf diesem Bacherl a Schwimmwesten?!" rief mal einer aus einem vollbeladenen Badeboot. Ja, für was denn nur?

An den üblichen Einstiegsstellen wirkt der Fluss meist sehr zahm und völlig ungefährlich. Beispiele:Einöd, Tattenkofener Brücke, Wolfratshauser Marienbrücke: Hier ist keine meist Gefahr erkennbar. Dass die Isar ein Wildfluss ist, zeigt sich erst später unterwegs an reißenderen *Schlüsselstellen*. Besonders mitfahrende Kinder sollten eine Schwimmweste tragen! Dass man den Nachwuchs immer im Auge behält, ist auch nicht selbstverständlich. Vor einigen Jahren fiel ein Kind an der nun wirklich nicht gefährlich wirkenden Anlandestelle der Marienbrücke ins Wasser und ertrank!

Das Problem mit den Risiko-Hinweisen: Wer sowieso schlecht gerüstet oder unvorbereitet aufs Wasser geht, dürfte diese wohl nicht lesen...

UNGEEIGNETES BOOT:

Alles, was aus dünnem Plastik gefertigt wurde und unter ca. 200–300 Euro kostet, hat eigentlich auf der Isar nichts zu suchen. Badeboote gehören auf Seen oder Sanftwasser, nicht auf rauschende Flüsse. Schon ein spitzer Ast, ein scharfkantiger Stein ritzt oder löchert die Bootshaut. Bestenfalls sitzt die Besatzung irgendwo weitab aller Wege auf dem Trockenen – die Situation muss man sich mal so richtig ausmalen.

Bestens geeignet:
Sehr gutes
solides Trekking-Boot.

Ganz nebenbei bleiben die defekten Gummihäute (wie sich leider immer wieder zeigt!!) als Müll am Ufer liegen. Ein gutes Dutzend „Badeboot-Wracks" haben wir in den letzten Jahren auf dem Kies entdeckt (und oft auch entsorgt). Siehe Seite 163.

UNZUREICHENDE AUSRÜSTUNG

Sicher, Bier mag nötig sein und ist in Maßen auch eine zünftige Beigabe. Aber ganze Kästen mitzuschleppen, ist wohl nicht das Gelbe vom Ei, wenn Wichtigeres dafür nicht an Bord ist.

Häufig zu sehen:
Zurückgelassener Müll,
von Ästen o.ä. gekillte
Badeboot-Wracks am
Isar-Ufer.

Kajaks können blitzschnell kentern; auch ein an sich sehr kentersicheres Luftboot kann umkippen (z. B. beim Unterfahren überhängender Büsche, wenn die gesamte Besatzung einen kapitalen Fehler macht und sich schutzsuchend auf eine Seite beugt). Jeder sollte daher eine Schwimmweste tragen, auch wenn es auf viele bieder wirkt. Ein Schutzhelm, wie ihn viele Kajaker auch auf der Isar benutzen, ist zwischen Tölz und München eher verzichtbar (ohne Gewähr!).

Bei starker Sonneneinstrahlung und langer Tour ist ein Sonnenstich kaum zu vermeiden. Daher einen Hut tragen! Auf dem Wasser Sonnenschutz-Creme mit hohem Faktor verwenden.

Und im Boot immer festes Schuhwerk oder stabile (!) Trekking-Sandalen tragen (keine billigen Spielzeuge), falls es zur Kenterung kommt und man auf scharfkantigem Gestein aussteigen muss.

Last but not least: Kleidung und Wertvolles wasserfest verpacken und trockene Ersatzkleidung mitnehmen. Dazu Regenschutz für den Fall eines Unwetters.

GEFAHREN UNTERWEGS:
Wehre/Floßgassen

Ein Wehr ist ein künstliches Hindernis und sollte nicht befahren werden. Bisweilen ist es auch ausdrücklich verboten. Die Strömungsverhältnisse unterhalb des

Nicht scharf geschossen: Dokument einer Kenterung:

Die Strömung ist an solchen Problemstellen am stärksten. Mit Schwimmwesten kann zumindest nicht viel passieren...

Rechts: im Presswasser unterm Prallhang mit einer Leine am Baum hängen geblieben. Das Boot läuft in reißender Strömung voll. Hauptsache: Bier dabei...

Wehrs sind extrem lebensgefährlich: Ein Bub starb beim Versuch, sein verlorenes Paddel in der Wasserwalze des Ickinger Wehrs zu bergen. Zwei andere machten das 2010 renaturierte und damit entschärfte Möll-Wehr nördlich München zum "Todes-Wehr".

Einige Floßgassen (z. B. München-Thalkirchen) kann man befahren, wenn man sehr vertraut ist mit seinem Boot und ausreichend Erfahrung mit gischtendem, schnellem Wasser hat. Anfängern ist von solchen Schwällen und Wehren **generell abzuraten.**

Problemfall: Am Heck im Fluss treibende Bootsleine.

Baumfallen

Ein Wildfluss schleppt bei Hochwasser allerhand Material mit sich und lagert dies dort ab, wo es die Strömung erlaubt. Dabei kommt es zu Ansammlungen von Bäumen und Ästen, die einen dichten Verhau bilden. In vielen Fällen, jedoch nicht immer, strömt das Wasser darunter weiter: die perfekte „Baum-Falle". Wer hier kentert, kann leicht unter das Geäst gedrückt werden, die Folgen kann sich jeder ausmalen. Nahezu jedes Jahr kommen gekenterte Bootsfahrer an Baumfallen ums Leben.

Kommt solch ein Hindernis in Sicht, dann ja nicht zu nah heran treiben lassen! Mit voller Kraft voraus am Gegenufer bleiben und mit Sicherheitsabstand vorbei. Ist die Durchfahrt zu eng, dann lieber an Land gehen, das Boot umtragen oder an der Leine ins sichere Wasser stromabwärts treideln (= vom Land aus führen).

Besonders riskant sind die Baumfallen für die billigen Schlauchboote mit dünner Plastikhaut. Wenn die an spitze Äste des Baum-Verhaus treiben (kl.Bild oben), gibt's ein Loch oder einen Riss, der Druck entweicht blitzschnell und die Besatzung landet im Wasser. Das kann ruck-zuck gehen und bedeutet – wie auch an sich harmlose Kenterungen - einen Schock. Man weiß nicht, was zuerst tun, versucht wegschwimmenden Besitz zu retten statt rasch aus dem Risikobereich zu türmen.

*„Baumfallen", eine seltene, aber **große Gefahr auf dem Wasser.***

Der hängende Baum im Vordergrund kann Unerfahrene schon zum Kentern bringen, die eigentliche Gefahr lauert im Hintergrund. Unter solchem Baum-Verhau strömt das Wasser mit großer Wucht . Wer darunter gedrückt wird (oben rechts) hat sehr schlechte Karten ...

Selten mal werden Problemstellen vorher beschildert.

BRÜCKENPFEILER

wirken meist nicht besonders gefährlich. Im Gegensatz zu steinigen Stufen, Wehren oder Schwellen ist der Geräuschpegel niedrig und flößt keine Angst ein. Wer jedoch mit dem Boot quer gegen einen Pfeiler treibt, hat schlechte Karten.

Eine für Erfahrene gerade noch fahrbare Schwelle. Diese Kanuten sind vorsichtig, steuern das Ufer an und umtragen ihr Boot über Land.

Auch ein Schlauchboot kann kentern, Kunststoff-Kajaks können brechen. Oder sie knicken, wobei der Kapitän eingeklemmt werden kann! - Schon zu Zeiten der Isar-Flößerei ereigneten sich an Brückenpfeilern viele tragische Unfälle, wovon alte Votivtafeln zeugen.

Hinzu kommt, dass sich rund um die Pfeiler meist unangenehme Strömungen bilden, die dem Gekenterten zusätzlich zum Schock des Ins-Wassser-gefallen-seins zu schaffen machen.

Bei Brücken also besonders wachsam sein und überlegt steuern. Die Gefahr wächst bei Hochwasser und folglich schnellerer Strömung. Daher möglichst nie bei extremem Wasserstand auf den Fluss gehen und auch in den Tagen danach besonders vorsichtig sein.

Trichterförmige Verengungen

können es in sich haben und müssen ebenfalls mit Respekt angegangen werden. Riskant wird es, wenn sich das Wasser in tiefen Rinnen vor einem Steilufer sammelt und mit voller Kraft dahin schießt (Bild S. 209). Das Boot wird dann meist gegen das Ufer gedrückt und kann blitzschnell kentern. Auch hier sollten ungeübte Anfänger lieber auf der flacheren Seite („Gleithang") anlanden, sich das Ganze in Ruhe anschauen, ggf. warten, wie andere Boote die Problemstelle meistern und im Zweifel lieber treideln.

Brückenpfeiler können weit gefährlicher sein als Schwälle – bis hin zum Boots-Crash!

Lassen Sie sich in solchen Fällen auch nicht von aufmunternden Zurufen von anderen Bootsfahrern oder Badenden zum Risiko verleiten.

Es gilt auf Wildwasser die Regel, schwierige, stark rauschende Passagen zuvor anzuschauen und erst danach zu entscheiden, ob man durchfährt oder umträgt.

Überhängende Büsche und Bäume

signalisieren zunächst (wie die Brückenpfeiler) keine direkte Gefahr. Wer jedoch auf schnellem Wasser auf sie zu treibt und von der Strömung unter das Astwerk gedrückt wird, versucht instinktiv, sich seitlich wegzuducken. Sind mehrere in einem Boot, und suchen sich alle dieselbe Bordwand aus, ist Kenterung programmiert – das ist leider immer wieder zu beobachten.

Da das meist in starker Strömung passiert, womöglich noch mit Strudeln oder Presswasser, kommt der Schock hinzu: Die Ausrüstung schwimmt weg, man muss sich und seine Siebensachen bergen, stößt dabei im schnellen Wasser vielleicht noch an kantigen Steinen die Beine blutig... Stress total!

Unwetter

Gerade in der optimalen sommerlichen Bootstouren-Zeit ziehen sehr schnell Gewitter auf, die gleich vielfach gefährlich werden können: Blitzschlag, Hagel, drastisch sinkende Temperaturen (Unterkühlung im nassen Boot!). Leider kriegt man die sich oft rasch nähernden Unwetterfronten in eingeschnittenen Abschnitten des Isartals (bei dadurch beschränktem Blick auf den Westhorizont) nicht rechtzeitig mit. Die Sonne scheint ja (noch) so schön, man ahnt keine Gefahr ...

Wir haben oft erlebt, dass gerade „Badeboot-Touristen" in behäbigen Schlauchbooten Warnungen vor drohender Unbill arrogant in den (aufkommenden) Wind schlugen: „Wo liegt das Problem?", fragte mal einer, das nahende Unwetter hingewiesen.

Mit schnittigem Kajak lässt sich die Aussetz-Stelle schnell erreichen, aber Schlauchboote haben es schwe-

Mit ziemlicher Wucht rauscht hier die Isar, sich verengend und schneller werdend, auf das steile Ufer zu, das von der Wasserkraft schon „angefressen" ist.

Boote werden an das Kliff gedrückt. Kajaks und Canadier-Kanus kentern in solchen Situationen schnell. Zudem brodeln wirbelnde Kehrwasser und von unten hoch drückende Presswasser.

Mit soliden Schlauchbooten hat man hier dank der abfedernden Bordwände weniger Probleme.
Gefährlich dagegen das Astwerk im Wasser und überhängende Büsche!

Definitions-Versuch:

Kajak: *Schlanke, geschlossene Boote mit den typischen Einstiegs-Luken. Vortrieb mit Doppel-Paddel.*

Kanu = Canadier: *Offene, „Abenteuer-Boote" mit hochgezogenem Bug und Heck. Vortrieb mit Paddel und „Steuer-Schlag" am Heck.*

Schwierige Abschnitte im Fluss sollte man umtreideln, d.h.: das Boot mit der Leine führen.

Wichtige Utensilien (und auch Ersatz-Kleidung) sollten wasserdicht verpackt sein. Und alles am Boot festbinden!

Risiko Hochwasser *besteht nicht nur in reißender Strömung (die haben andere Flüsse auch), sondern in mitgeführten Bäumen und ähnlichem. Also erst einige Tage nach Hochwasser auf den noch überbreiten Fluss*

rer, zumal ja bei Gewitter auch oft starker West- oder Nordwestwind einsetzt, der den Vortrieb eines Schlauchboots auf der Isar enorm bremst. Gerade die beliebten Abschnitte bei Wolfratshausen sind nordwestwärts in Richtung Gewitterfront gerichtet!

„Wo liegt das Problem?", mag sich dann die mitreisende Crew im Boot des obigen vorlauten Jünglings gedacht haben, als 20 Minuten später die eiergroßen Hagelkörner runterprasselten auf Haut und Haar …

Schwerer Regen bedeutet zwar im Boot keine Gefahr, ist aber sehr unangenehm. Da meist die Lufttemperatur abrupt sinkt, beginnt man zu frieren. Besonders bei starkem Wind. Kajaks mit Spritzdecke überm Einstieg sind da besser als offene Boote.

Fazit: Wetterberichte checken. Die sind heute z. B. im Internet sehr zutreffend. **www.wetteronline.de.**

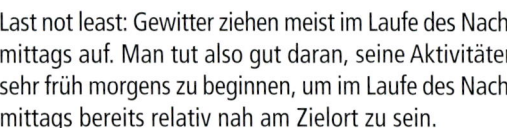

Das gilt auch für Berg- und Ufer-WANDERER! Nie ohne Pelerine und ohne warme Reservekleidung losziehen!

Last not least: Gewitter ziehen meist im Laufe des Nachmittags auf. Man tut also gut daran, seine Aktivitäten sehr früh morgens zu beginnen, um im Laufe des Nachmittags bereits relativ nah am Zielort zu sein.

Niedrige Wassertemperatur

Die Isar ist ein so genannter „sommerkalter" Fluss. Er wird auch während der Hochsaison nicht so warm wie langsam fließende Gewässer im Flachland. Kaltes Wasser ist für viele unangenehm, aber es kann auch lebensgefährlich sein: Zum Beispiel im Frühling, bei Beginn der Schneeschmelze. Da tendiert die Temperatur gegen null. Bei 4° C hat ein gekenterter Bootsfahrer nur 4 Minuten, um lebend ans Ufer zu kommen! Also besondere Vorsicht – und unbedingt Schwimmweste sowie schützende Neopren-Bekleidung tragen.

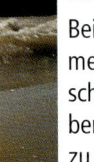

Nicht allein aufs Wasser

Bei Solo-Touren kann man die Seele baumeln lassen und die Ruhe der Urlandschaft genießen. Trotzdem sollte man lieber im Team aufs Wasser gehen. Es kann zu Situationen kommen, wo Hilfe benötigt wird. Und zu zweit oder in der Gruppe macht es auch mehr Spaß als allein.

Aus zuvor heiterem Himmel: Unwetter können sehr schnell aufziehen.

Vorsicht!
Isarhochufer bricht ab.
Betreten auf eigene Gefahr

Ufer-Wanderungen

So gut wie alle Pfade direkt am Isarufer sind nicht ausgebaut. Das stellt noch kein Problem dar. Hochwasser kann jedoch den Uferbereich an Prallhängen (wo die Wasserwucht direkt angreift) unterspülen. Hier besteht die Gefahr, dass man beim Wandern abrupt den Boden unter den Füßen verliert und in den Fluss stürzt. Solche unterspülte Uferbereiche gibt es z.B. im nördlichen Bereich der Pupplinger Au.

 Prinzipiell ist an jedem Steilufer Vorsicht geboten. Durchaus möglich, dass Sie da, wo letztes Jahr noch bequemes Wandern oder Radeln möglich war, später überhaupt keinen Weg mehr finden... Daher lassen sich auch keine allgemein gültigen Aussagen fürs Wandern in Flussnähe (von offiziellen befestigten Wegen mal abgesehen, vor allem in und um München).

Das alles mag so geballt abschreckend klingen. Auf vieles kommt man schon sicherlich selbst; die paar Vorsichtsmaßnahmen reduzieren das Risiko, das naturgemäß auch auf einem Fluss (relativ!) ungefährlichen Kalibers wie der Isar gegeben ist.

> Sehr informativ und lohnend ist die Isar-Website
> **www.kanu-info-isar.de**
> Für den, der es ganz genau wissen will, gibt's dort Kanuspezifische Info und spezielle Wasserwander-Karten.

Wildwasser-Klassifizierung:

WW I (z. B. ab Bad Tölz bis München): Freie Fahrt ohne größere Schwierigkeiten. Regelmäßige Wellen, kleine Schwälle. Beherrschbare, gut erkennbare Hindernisse im Fluss, ggf. treideln.

WW II (z. B. Hinterautal und zum Teil bei Mittenwald, östlich von Wallgau sowie nördlich vom Sylvenstein): Unregelmäßiger Stromzug, unregelmäßige Wellen, mittlere Schwälle, Walzen, Wirbel und Presswasser. Gewisse Erfahrung notwendig. Ausrüstung: Zumindest Schwimmweste. Nicht allein fahren!

WW III (partiell Hinterautal): Verblockungen, hohe unregelmäßige Wellen, Wirbel, Presswasser. Nur für Erfahrene und in der Gruppe. Ausrüstung: Schwimmweste, Schutzhelm.

WW IV bis VI kommen an der Isar nicht vor.

Gar nicht so leicht ...

ANGELN UND FISCHEN

Die schlechte Botschaft zuerst, bevor wir Ihnen den Mund wässrig machen. Für Gelegenheits-Angler, die „mal schnell" den Blinker auswerfen und ein Fischlein fürs Lagerfeuer rausziehen wollen, ist die Isar absolut ungeeignet. Angeln ist schöne „Interaktion mit der Natur", ruhiger Genuss ohne Stress, intensive Betrachtung der Umgebung beim Warten auf „Petri Heil".

Aber das kann man in einigen nordischen Ländern (Skandinavien, Alaska) einfacher haben und mit größerem Erfolg. Nebenbei: Offene Feuer sind meist verboten.

Hier lohnt es sich eher, mal einem der Sportfischer zuzuschauen beim Würmer-Wässern oder beim Auswerfen der Fliege. Vielleicht kommen Ihnen in den langen Stunden auch Gedanken über den Unterschied zwischen *Angeln* und *Fischen*... Beide werden oft synonym verwendet, aber im Ersteren steckt eher die Tätigkeit des Angelrute-ins-Wasser-Haltens, im Zweiten aber das Erfolgserlebnis.

Angeln am Wildfluss ist eine tolle „Interaktion mit der Natur", aber hierzulande legal nur möglich mit sehr hohem Aufwand an Prüfung und Lizenz

Fazit: Angeln ist immer gut, um die Seele baumeln zu lassen. Der Fischen-Erfolg ist an der Isar eher mäßig.

Zum einen sind die Fisch-Populationen der Isar stark geschrumpft. Die Fischer müssen künstlich durch „Besatz" (= Aussetzen von Jungfischen oder Dottersack-Larven) für Nachwuchs sorgen.

Zum anderen sind die Formalitäten rund um Angelschein und Revier-Zuteilung so abschreckend, dass dem Gelegenheits-Angler schnell die Lust vergehen dürfte.

Zu einigen Gründen für den Rückgang der Fisch-Bestände siehe Kapitel „Fauna" vorn in der Isar-Landeskunde.

Kajak und Fahrrad

SICHER VERLADEN!!

Eigentlich hat dies Thema mit der Isar nicht direkt etwas zu tun, es muss aber angesprochen werden, weil beim sicheren Befestigen von Fahrrad und Kajak (besonders bei Letzterem) oft Defizite festzustellen sind.

Es reicht nicht aus, das Gerät nur so zu befestigen, dass es im Stand einen sicheren Eindruck macht. Schon während der Fahrt kommen dynamische Kräfte hinzu (Fahrtwind, Rütteln). ABER: Die sichere Befestigung wird aber vor allem bei einem (Auffahr-)Unfall auf eine extreme Probe gestellt. Da kann es passieren, dass sich ein Boot samt Dachträger rasant in eine kleine Rakete verwandelt und schweren Schaden anrichtet.

Befestigung mit Spanngummis ist total ungeeignet, ganz besonders für ein Kajak auf dem Dachträger! Am besten sind spezielle Spannbänder, die sich stramm festzurren lassen. Ideal: Zwei Spannbänder um Boots-

bauch und Dachträger, dazu zur Sicherheit zwei Leinen, die Bug und Heck mit der vorderen bzw. hinteren Stoßstange oder stabilen Auto-/Karosserieteilen fest verbinden. Angeblich soll die Leinenabspannung nicht so viel bringen wie sie optisch wirkt, aber sie fixiert zusätzlich und zeigt dem Fahrer an, wenn sich das Boot während der Fahrt verschiebt.

4-Punkt Befestigung von Kajaks und Fahrrädern ist optimal. Zusätzlich: Sicherung mit einem Spiral-Schloss.

Es sollte so fest gezurrt werden, dass sich ein Kajak bzw. der Bootsboden leicht durchbiegt. Fahrräder müssen mit den Reifen stramm in die Halterung gepresst werden.Befestigungs-Leinen dürfen keine Beschädigungen aufweisen, weil sie sonst bei Belastung reißen können.

Voraussetzung für sicheren Transport ist ferner ein solide befestigter Dachträger. Befestigungsschrauben sollten mit Werkzeug eingedreht werden, nicht nur mit der Hand, damit sie tatsächlich „kraftschlüssig" festsitzen. Man kann – auf kurzen Strecken – das vierfach befestigte Boot auf den Trägerschienen transportieren, besser ist jedoch, es in einem U-förmigen Kajakbügel zu lagern.

Bei hohen Fahrzeugen oder Wohnmobilen erleichtert eine Kanu-Rolle (im Boots-Fachhandel erhältlich) oder notfalls ein Stück Teppichboden das Hochziehen über die Fahrzeugkante bzw. über die Dach-Reling.

AKTUELLE FAKTEN

Fluten stürzen auf einen ein – nicht unbedingt an der Isar, das wäre ja der Super-GAU. Sondern im Internet, wenn man in einer Suchmaschine das Stichwort „Isar" ohne weitere Spezifizierung eintippt: Um die 500.000 Nennungen!

Das bedeutet, dass man sich heute - im Gegensatz zur papierenen Vorzeit - aus dem Web die gesuchten aktuellen Basis-Infos zu Boot-/Fahrrad-Vermietungen, Unterkünften u. Ä. vor der Tour brandaktuell und gezielt herunterladen kann. Das abzudrucken würde schon im Ansatz schieren Ballast bedeuten. Zudem hat Kommerzielles nicht unbedingt etwas mit Isar-Aspekten zu tun. Wir haben uns daher auf Beispiele beschränkt, wobei die Auflistung der Taxi-Telefonnummern für Rücktransporte nach Wander- bzw. Boots-touren erfahrungsgemäß unterwegs wohl am ehesten benötigt wird.

BOOTSVERMIETUNGEN

LENGGRIES: Ferien- und Freizeit, Tel 08042-9539; www.ffi-online.de

BAD TÖLZ: Action & Funtours, Angerstr. 21, 83646 Bad Tölz;
Tel.: 08041- 796 096. Übergabe und Rückholung am Einstieg, Bootsabholung am Ausstieg.

BAHN UND RAD

Für die Strecken MÜNCHEN-GARMISCH-MITTENWALD
Zugauskunft Deutsche Bahn Tel. 11861
Automatische Fahrplanauskunft: 0800 -150 70 90   (gebührenfrei)
Radfahrer-Info 01805 - 523 6723 oder 01805 - 151 415
Mehrzweckabteile für Fahrräder meist am Zuganfang oder am Zugende.
Bayerische Oberlandbahn (für LENGGRIES): Service-Tel. 08024-997171
www.bayerischeoberlandbahn.de
Münchener Verkehrsverbund MVV: Tel. 089 - 210330 (Mitnahme von Fahrrädern im Nahverkehr, z. B.auch in der S-Bahn nach Wolfratshausen)

BUSLINIE

Fahrpläne im Internet unter www.rvo-bus.de

CAMPINGPLÄTZE IN ISARNÄHE

MITTENWALD-NORD, Natur-Camping am Horn, sehr schön gelegen an einer Isarkehre. Besonders naturnahe Stellplätze auch direkt am Wasser, zudem komfortabel (siehe Tour 1). Tel. 08823 - 5216. www.camping-isarhorn.de.

EINÖD (zwischen Bad Tölz und Ascolding, rechtsufrig): Dauer-Camping oder naturnah für Bootsfahrer/Camper nahe der dortigen Einsetzstelle in die Isar.

MÜNCHEN Thalkirchen, direkt am Kanal (Zentrallände 49, Tel. 089-7243 0808. Siehe Tour 11)

Wohnmobil-Stellplätze in FALL beim Sylvenstein Speichersee, hübsch im Wald gelegen.

In BAD TÖLZ auf dem linken Ufer, etwas nördlich der Isar-Brücke.

Nicht direkt an der Isar, aber womöglich auch passend: Am Südwest-Spitz des Walchensees, nahe der Jachenau-Mautstrasse.

Toleriert wird freies Campen (absolut ohne Gewähr) auf den Parkplätzen an der Mautstraße WALLGAU-VORDERRISS.

FAHRRAD-VERMIETUNG

MITTENWALD/OBERES ISARTAL als Dorado für Radler:
Madhouse, Dekan-Karl-Platz 22, Tel 08823 - 938972
Adolf Frank, Dammkarstr. 39, Tel. 08823-1293
Kittmann, In der Wasserwiese 1, Tel. 08823-1293
LENGGRIES: am Bahnhof, Bayerische Oberlandbahn BOB, Tel. 08042-8711
BAD TÖLZ: Zweirad Riedelsheimer, Sachsenkamer Straße 6, Tel. 08041-781 222

FLOSS-FAHRTEN

Gestartet wird ab 1. Mai bis September bei Wolfratshausen/Loisach oder an Isar-Ma-
rienbrücke. Rechtzeitig buchen! Wetterschutz einpacken.
Tel 08042-1220 (Angermaier)   Tel 08171-18320 (F. Seitner)
Tel 08171-78518 (J. Seitner)   Internet: www.flossfahrt.de

HANDY UND GPS

Sicherheits-Plus in der Urnatur und Organisations-Erleichterung. Unterwegs wasserfest
verpacken! Netz-Abdeckung ist nicht überall gewährleistet, z.B. nicht rund um Fall/Syl-
vensteinsee. Netter Originalton eines Veranstalters:
„Der Funkempfang vor Ort ist zum Teil mit Funklöchern versehen."

GPS-Sat-Navigation ist angesichts perfekter Weg-Markierungen in solch super-
erschlossenem Gebiet wie Isartal hilfreich, aber nicht unbedingt nötig. Ein Manko: Nur
Ausschnitte auf dem kleinen Monitor. Da ist die Papierkarte im Plus.

RADLER-INFO

Das Bayernnetz für Radler mit sehr vielen Infos, Routenbeschreibungen, Strecken-
Profilen usw.: www.bayerninfo.de Info-Telefone zur Fahrradmitnahme in Zügen
s. *Bahn*. Fahrradmitnahme-Tagesticket im Nahverkehr 4,50 €.

TAXIS

Taxis in Isarnähe, z. B. für Rücktransport zum Auto nach Bootstour oder Wanderung

Scharnitz	0043(0)5213-5363	(Preise vorab erfragen).	
Mittenwald	08823-1702	JAKOB, Rainer	
	08823-8310	SCHÜTZ, Franz	
Krün	08825-1551	SIMON, Franz-Paul	
Wallgau	08825-406	JENNEWEIN, Gertrud	
Lenggries	08042-4447	MÜLLER-KRUWINNUS	
Bad Tölz	08041-8140	BUSSMANN, Ludwig	08041-70352 BRUNS
	08041-3364	JANIK, Horst	08041-71638 LORENZ
	08041-8444	WAFFEN, Maria	
	08041-2900	Taxi-/Mietwagen-Vereinigung	
Geretsried	08171-31212	MAI-Taxi	
Wolfratshausen	08171-43200		
Schäftlarn	**kein Taxi!**		
Grünwald	089-6414164	EINSTÄDTER, Michael	
München	089-450 540	Taxi-Ruf Oder 21610 Taxi-Vorbestellung	

**Kartographische Isar-Aspekte
Ursprung bis München Nord**

TOPOGRAPHISCHER
ISAR-ATLAS 1:50.000

Die folgenden Seiten zeigen die erstklassigen topographischen Karten Bayern („amtlich - präzise - aktuell"). 14 Seiten ersetzen Ihnen im Isar-Bereich die einzelnen Kartenblätter UK50-51 Karwendel, L8334 Bad Tölz, L8134 Wolfratshausen, L7934 München. – Die topo-Karte L7342 Deggendorf wurde direkt in die Tour 13 integriert (Isar-Mündung).

Unsere angegebenen Blatt-Nummern ensprechen weitgehend den Touren-Nummern. Die unübliche Anordnung der seitlichen Registermarken von unten nach oben soll die Flussrichtung von Süd nach Nord widerspiegeln.

Maßstab 1:50.000 bedeutet: 2 cm in der Karte = 1 km in der Natur. Damit kann man Touren zu Wasser und zu Lande perfekt planen und durchführen.

Einige Karten wurden zur besseren Einpassung leicht gedreht. Eingebaut bzw. hervorgehoben wurden einige Isar-Fluss-km km 262 Wehre, Gefahrenstellen, Parkplätze sowie weitere Hinweise für Radler, Wanderer und Bootsfahrer.

L 7934
München

L 8134
Wolfrats-
hausen

L 8334
Bad Tölz

L 8534
Fall

UK50-51
Karwendel

Legende

Grenzen
Staatsgrenze
Landesgrenze
Regierungsbezirksgrenze
Naturschutzgebietsgrenze
Nationalparkgrenze
Kirche; Kapelle
Turm
Hauptstraße
Nebenstraße
Hauptweg
Nebenweg
Fußweg; Schneise
Fernstraße
Regionalverkehr
Brücke; Steg
Straßen-; Eisenbahntunnel
Wiese, Weide

Moor, Bruch, Sumpf;
Torfstich

Heide

Gewässer
Fluß mit Fließrichtungspfeil,
Kilometerangabe und Buhnen
Binnensee
Wasserspiegelhöhe
Tiefster Punkt im See
Wasserfall
Talsperre; Erddamm;
Mauerwerk
Quelle; Brunnen

Relief
100 m - Höhenlinie
10 m - Höhenlinie
5 m - Höhenlinie
2,5 m - Höhenlinie
Höhenpunkt mit Höhenangabe
Sand, Kies, Geröll; Felsen
Natürliche Böschung
Künstliche Böschung
Damm, Deich: befahrbar
Damm, Deich: nicht befahrbar

"Oberste Isar": Eng in der Schlucht östlich von Scharnitz..
Unten: Breiter gefächert an der Bundesgrenze, doch noch nicht ruhig gestellt. Nur für erfahrene Kajakfahrer.

Maßstab 1:50 000

1   0   1   2   3 km

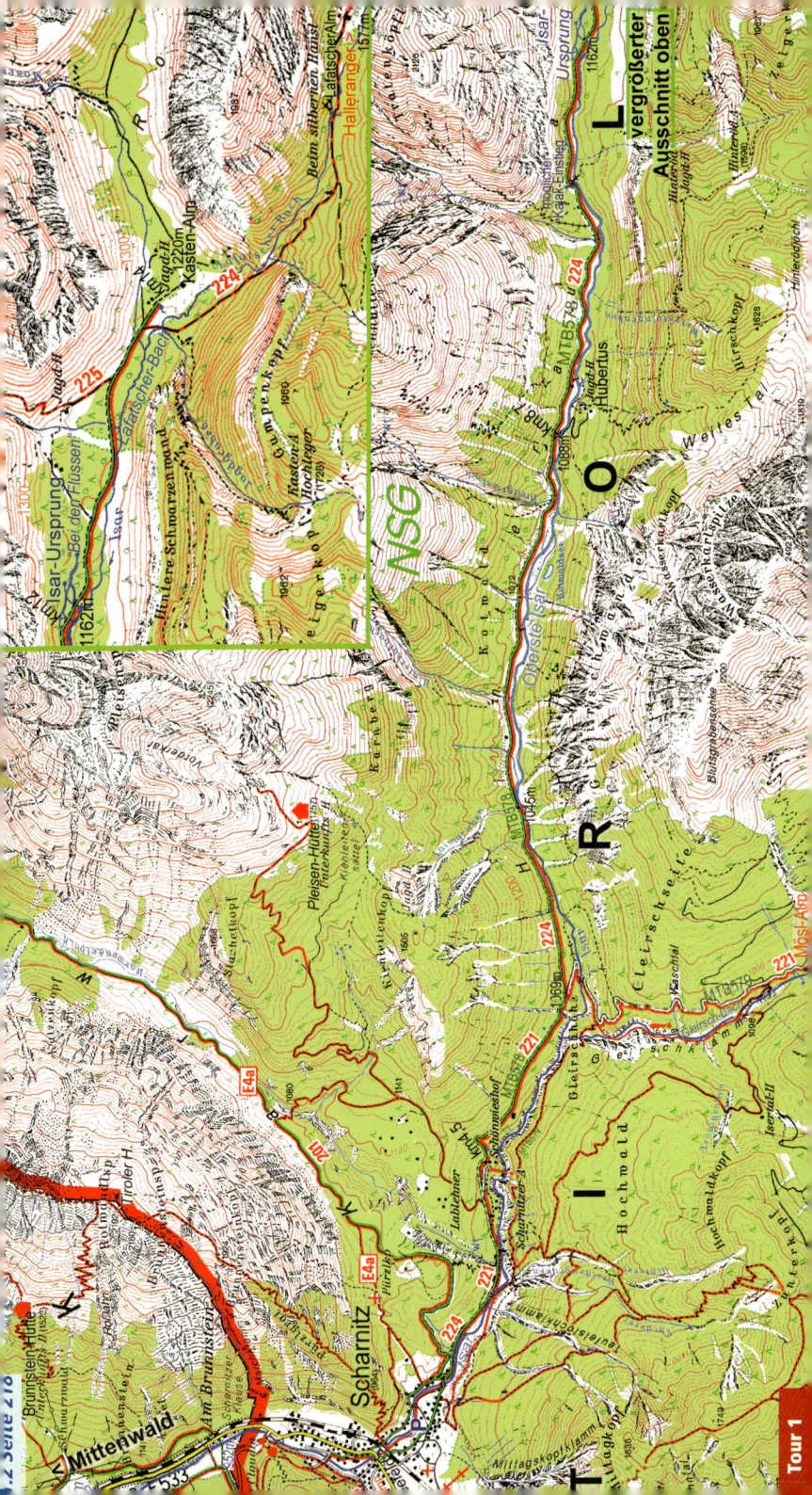

Fortsetzung
rechte Seite

Malerische „Buckelwiesen"
am Brendten/Kranzberg

km 256

Isar MITTENWALD
Fluss-km 259
bis 254 (Horn)
für Boote !
kaum geeignet

Mittenwald Markt
(912 kath Pfarrkiche)

km 259

Westliche Karwendelspitze

Isar-Radweg

km 261

km 262

Isar-Radweg

DEUTSCHLAND

ÖSTERREICH

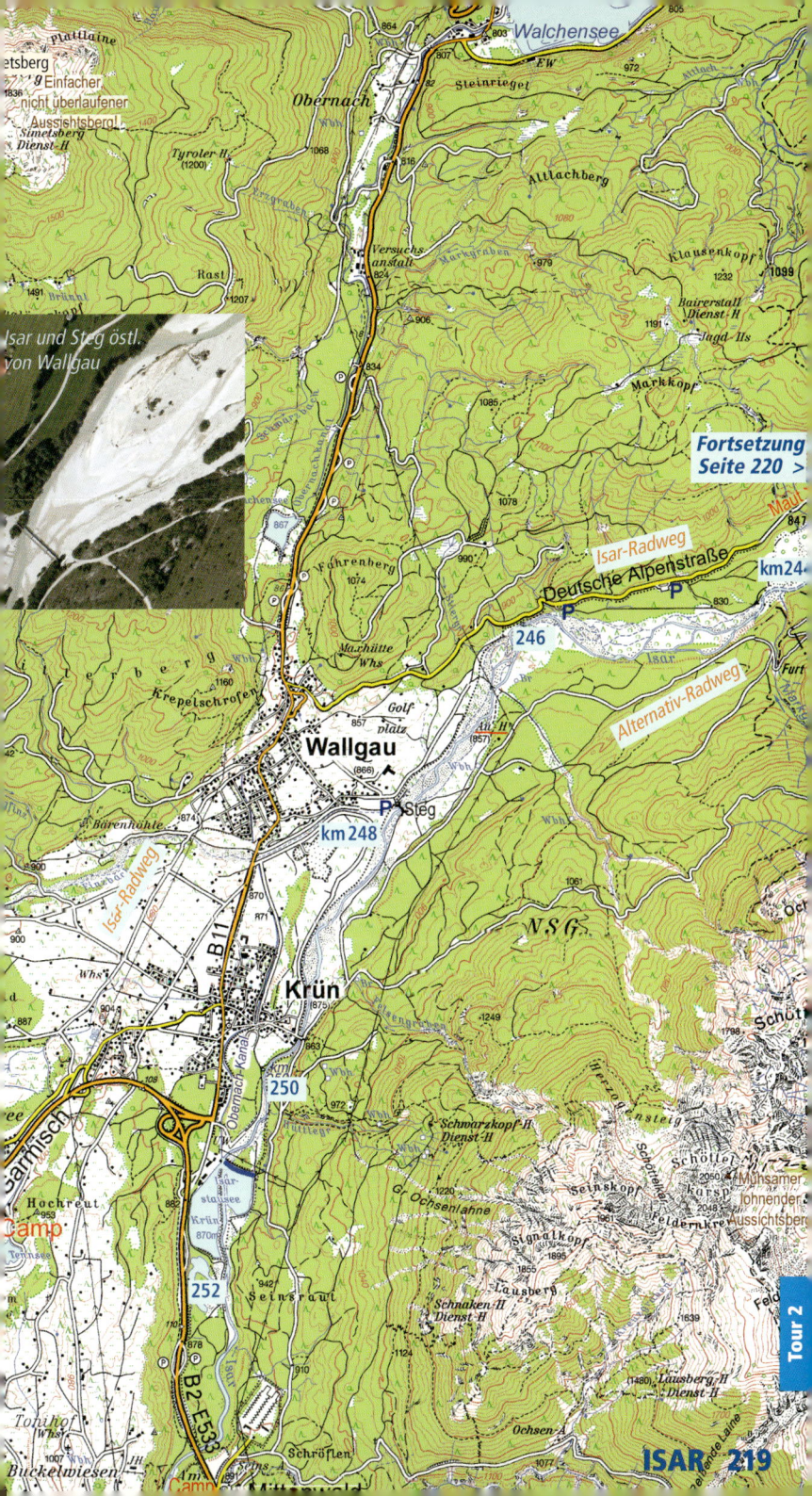

Walchensee

Obernach

Plattlaine
Simetsberg
*Einfacher,
nicht überlaufener
Aussichtsberg!*
Simetsberg
Dienst-H

Steinriegel

Altlachberg

Tyroler H.
(1200)

Versuchs-
anstalt

Markgraben

Klausenkopf

Bairerstall
Dienst-H

Jagd-Hs

Rast

Brünnl

Markkopf

*Isar und Steg östl.
von Wallgau*

Führenberg

**Fortsetzung
Seite 220 >**

Isar-Radweg

Deutsche Alpenstraße

Maut

km24

246

Maxhütte
Whs

Golf
platz

Alm-H
(957)

Alternativ-Radweg

Isar

Krepelschrofen

Wallgau
(866)

P Steg

km 248

Bärenhöhle

Isar-Radweg

NSG.

Krün

B11

Obernach-Kanal

250

Schwarzkopf-H
Dienst-H

Herzogenstieg

Schöttel

Mühsamer,
lohnender
Aussichtsberg

Garmisch

Hochreut

Camp

Isar
stausee

Krün

252

Seinsraut

Ochsenlahne

Seinskopf

Signalkopf

Schöttelkarspitze

Lausberg

Schnaken-H
Dienst-H

Feldernkreuz

B2-E533

Bucklwiesen

Schröflen

Ochsen-A

Lausberg-H
Dienst-H

Camp
Mittenwald

Tour 2

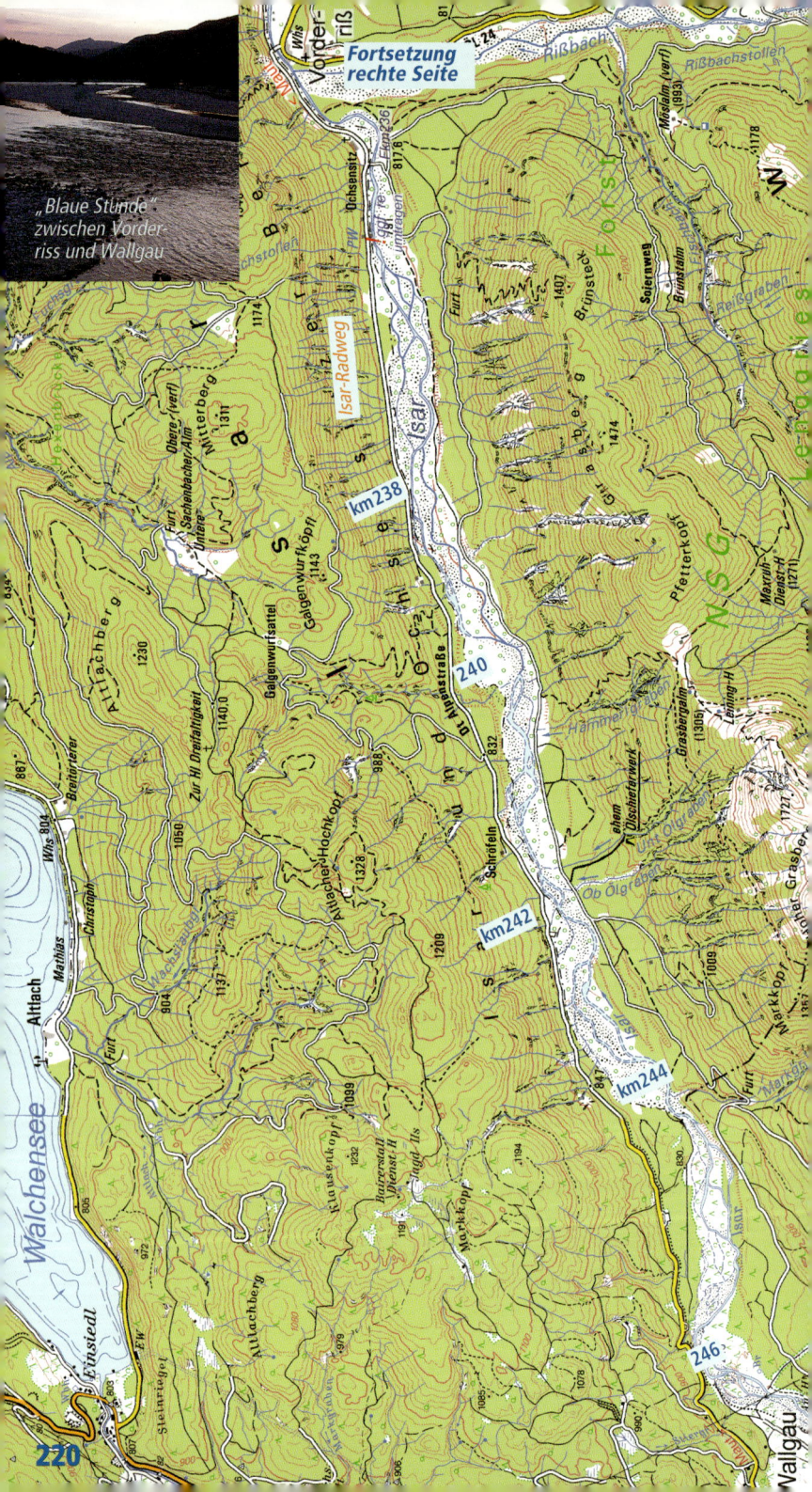

Fortsetzung rechte Seite

„Blaue Stunde" zwischen Vorderriss und Wallgau

Isar-Radweg

km238

km242

km244

km246

Walchensee

Wallgau

220

Fortsetzung < Seite 223

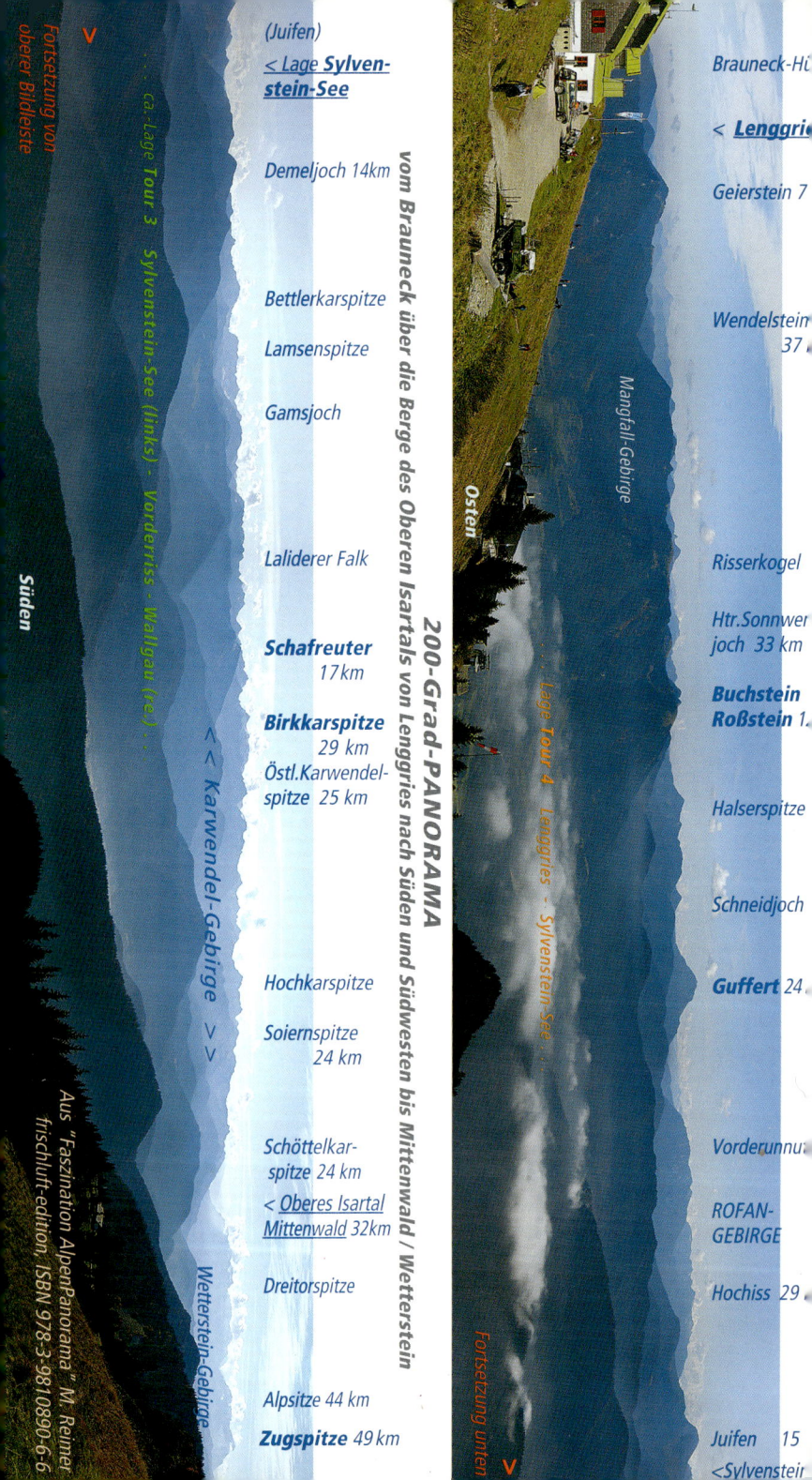

200-Grad-PANORAMA vom Brauneck über die Berge des Oberen Isartals von Lenggries nach Süden und Südwesten bis Mittenwald / Wetterstein

Aus "Faszination AlpenPanorama" M. Reiner, frischluft-edition, ISBN 978-3-98 0890-6-6

Fortsetzung
Seite 224

Lenggries

km211

ISAR 223

Tour 4

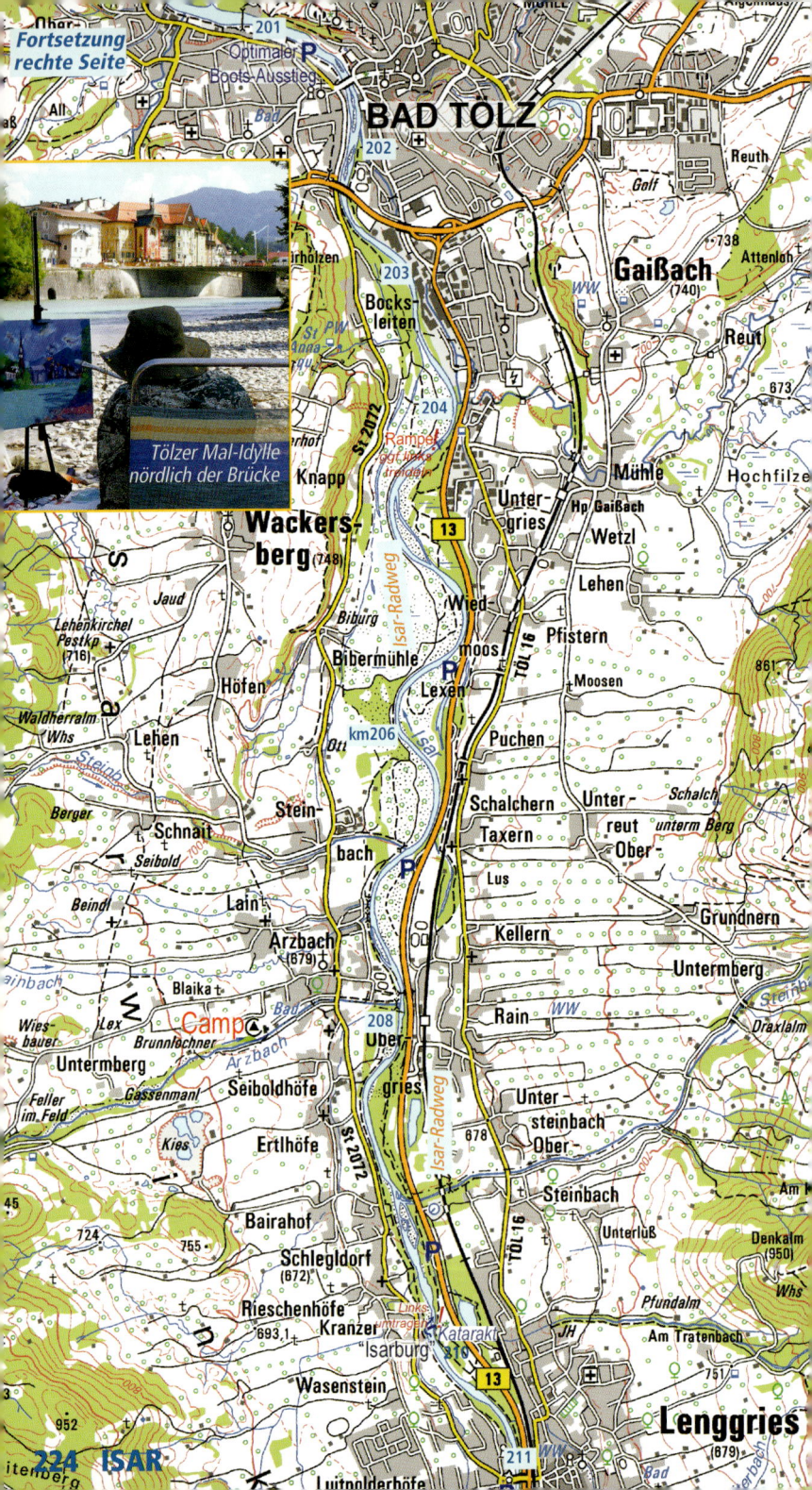

Fortsetzung rechte Seite

MÜHLE

201

Optimaler
Boots-Ausstieg

P

BAD TÖLZ

202

St PW
Anna

Tölzer Mal-Idylle
nördlich der Brücke

Bad

irholzen

Bocks-
leiten

203

204

Rampel

13

Knapp

Unter-
gries

Hp Gaißach

Wackers-
berg (748)

Wetzl

Lehen

Wied-

Pfistern

Jaud

Biburg

moos

Moosen

Lehenkirchel
Pestkp
(716)

Bibermühle

Lexen

Höfen

km206

Puchen

Waldnerralm
Whs

Ott

Lehen

Stein-

Schalchern

Unter-
reut

Schalch
unterm Berg

Berger

Taxern

Ober-

Schnait

bach

Lus

Seibold

Lain

Kellern

Grundnern

Beindl

Arzbach
(879)

Untermberg

Blaika

Rain

WW

Draxlalm

Wies-
bauer

Lex

Camp

Uber-

208

Brunnlochner

Untermberg

Gassenmanl

Seiboldhöfe

Unter-

gries

steinbach

Feller
im Feld

Ertlhöfe

678

Ober-

Kies

Steinbach

Bairahof

Unterluß

Denkalm
(950)

45

724

755

Schlegldorf
(672)

Pfundalm

Whs

Rieschenhöfe

Kranzer

Links
tragen

JH

Am Tratenbach

751

693,1

Katarakte

Isarburg

310

Wasenstein

13

3

952

211

WW

itenberg

Lenggries
(879)

Luitpolderhöfe

Fortsetzung Seite 227

Geretsried

Einöd *mit Camp und Ein-/ Aussetz-Stelle für Boote (**P**).*

RadTöl

Tour 5

Oft wenig Platz
beim Aus-/Einstieg
an der Wolfratshau-
ser Marienbrücke

Wirkt weniger spektakulär als es ist:
Neues verlegtes Flussbett mit Baum-Verhau
und starker Strömung nach Hochwasser

Die Berge des Isarwinkels sind oft im
Blick: Juifen, Demeljoch, Brauneck,
Latschenkopf und Benediktenwand
(rechts angeschnitten).

Gut ausgerüstete Kajak-
Fahrer an der Fluss-
Biegung bei Ascholding

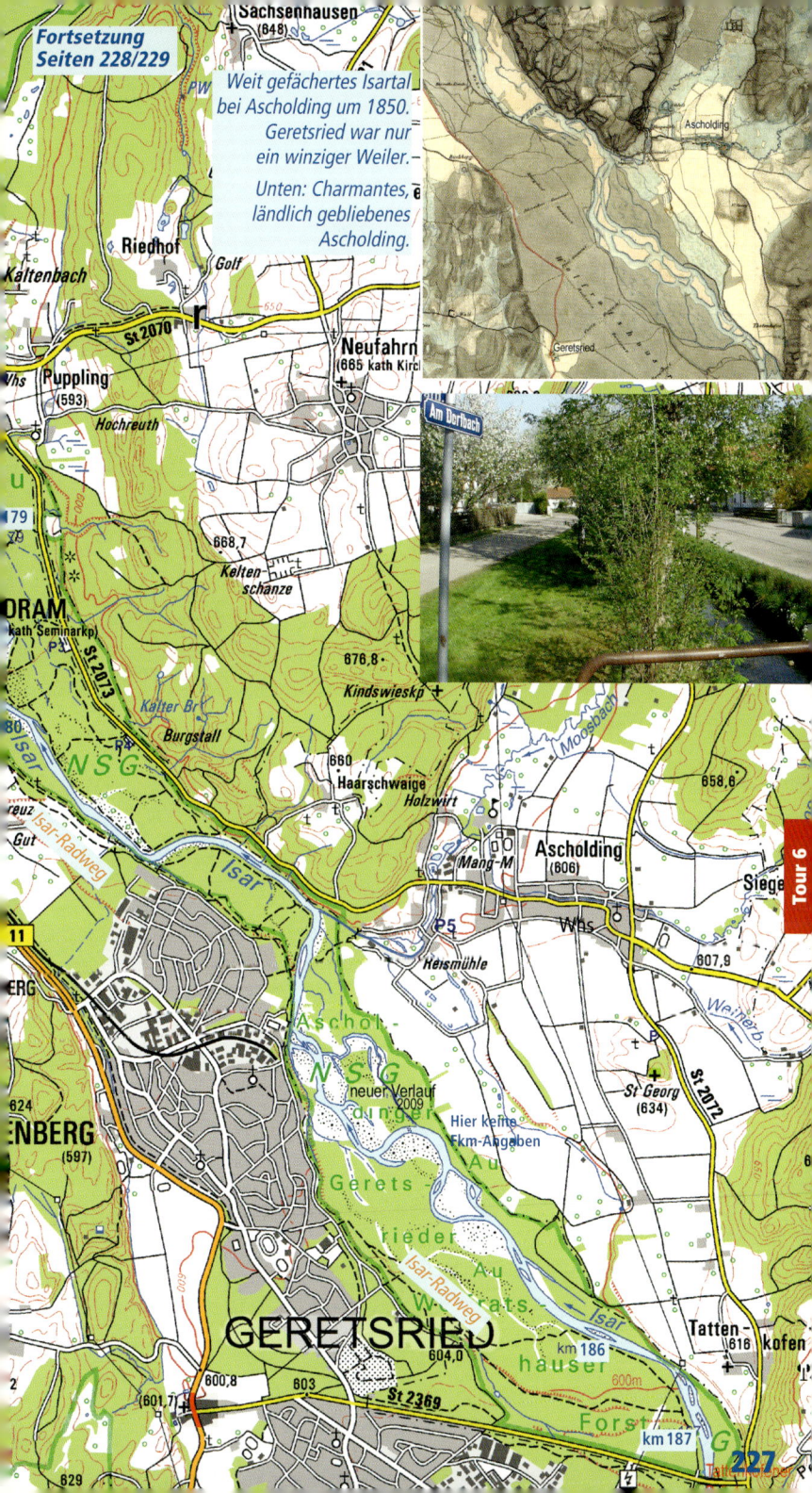

Fortsetzung Seiten 228/229

Weit gefächertes Isartal bei Ascholding um 1850. Geretsried war nur ein winziger Weiler.–

Unten: Charmantes, ländlich gebliebenes Ascholding.

Am Dorfbach

Sachsenhausen
(848)

Riedhof

Kaltenbach

Golf

St 2070

Neufahrn
(665 kath Kirch

Puppling
(593)

Hochreuth

Hs

u

79
79

668,7

Kelten
schanze

ORAM
kath Seminarkp)

876,8

Kindswieskp

Kalter Br

Burgstall

N S G

Isar

660

Haarschwaige
Holzwirt

Ascholding

658,6

Mang-M

Ascholding
(806)

Siege

Isar-Radweg

reuz

Gut

Isar

P5

Wbs

807,9

11

Keismühle

Weiherb

St 2072

ERG

Aschol-

neuer Verlauf
2009

N S G
dlunger

Hier keine
Fkm-Angaben

St Georg
(634)

624

ENBERG
(597)

Gerets

A-u

rieder A-u

Isar-Radweg

W

rats

Isar

Tatten
616
kofen

GERETSRIED

604,0

hauser

km 186

600,8

601,7

803

St 2369

600m

Forst

529

km 187

G

Tour 6

227

Isar bei Kloster Schäftlarn und Bruckenfischer

Nebensaison im Goldenen Oktober an der „Dürnsteiner Brücke". Idealer Startpunkt für Radler, Wanderer und Boot-Kapitäne. Im Sommer ist's hier rammelvoll.

Gasthaus Bruckenfischer hat wohl die schönste Lage direkt an der Isar.

Links: Frühlingsblüte und frisches Grün in den Auwäldern.

Anschluss rechte Seite

Isar und Pupplinger Au um 1850 und heute.

Zwei Sträßchen und zahllose Wege erschließen den Bereich am rechten Ufer.

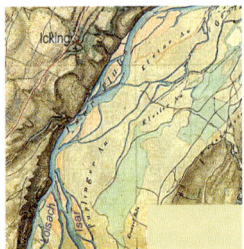

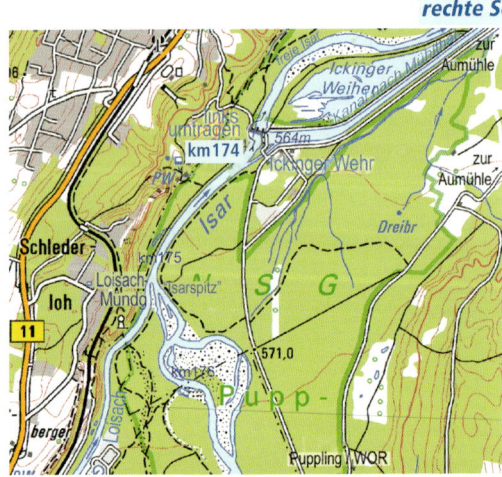

Fortsetzung
Seite 231

Baierbrunn

Gde Straßlach

Dingharti

Straßlach

Frundsberger höhe

Hailafing

Hohenschäftlarn

häftlarn

Zell

Ebenhausen

Kloster Schäftlarn

Dürnstein

Beigarten

Kleinding

Deining

Icking

Aumühle

Sachsenhausen

Schönberg

Tour 8/9

München-Skyline über den renaturierten Isar: Rechts der Dom und als City-Akzent neue Hochhäuser.

Hier stand bis 19..
ein Burgfrie.. ..schi..
der Stadt M....
Es steht ....
Stadtm.. ..e ..n
St.-Jakobs-...z.

... Tel.... ... ...
....
D.S. München Sie beim Stadtmuseum
doch mal einen Besuch

München

Pullach i. Isartal

Grenze München und Pullach westlich der Großhesseloher Brücke.

Wie sich Zeiten und Sehweisen ändern: Beim Bau des Großhesseloher Wehrs wurde eigens eine Terrasse mit Blick auf den „modernen Beton" angelegt statt auf die Natur.

Brückenwirt am Isarkanal, durch einen befahrbaren Damm von der Isar getrennt. Burg und Hotel Grünwald scheinen durch Frühlings-Grün.

MÜNCHEN
Süd

Fortsetzung
Seite 233

Mittlerer Ring

Flaucher-Inseln

Thalkirchen

Harlaching

Camp Thalkirchen

Marien klause

Isar-Radweg

Menterschwaige

Südl. Stadtgrenze

Großhesse-
lohe

Bavaria
Filmstadt

Geiselgasteig

Burg
Schwaneck

Neu
grünwald

Pullach
i. Isartal
(582 alte Hl Geistk)

Klosterr
St. Gabriel

Berchmanns-
kolleg

Grünwald
(547 ev Kirche)

Wörnbrunn
Wildfütterung

Höllriegels-
kreuth

Buchenhain

Kletter-
garten

ISAR 231

Nicht nur die inzwischen legendären Surfer beleben den Eisbach im Englischen Garten, sondern auch Kajakfahrer. Die Isar selbst ist innerstädtisch noch für Boote gesperrt.

Renaturierte Isar zwischen Wittelsbacher und Reichenbach-Brücke

Blick vom Flaucher-Steg:
Links das rauschende Wehr,
rechts die Bade-Inseln

Fortsetzung
Seite 235

km141

MÜNCHEN

Tour 11

Milberts hofen

Golf

AS M-Schwabing Nord

AS M. Frankfurter Ring

Whs

St 2088

142

Ober- föhring

Hirsch- föhring

St 2088

143

144

Isar-Radweg

Mittlerer Ring

Schwabing

lein- hasseloher See

Englischer

Chinesischer Turm

145

Monopteros

Garten

km 146

Bogenhausen

AS M-Steinhausen

Maxvorstadt

Pinako thek

Friedensengel

Residenz

Maximilianeum

Hbf

Dom

Haidhausen

Bf M-Ost

148

Deutsches Museum

Theresien

JVA

Ramers-

Au

Ostfriedhof

wiese

Isar-Radweg

km150

Mittlerer Ring (Süd)

E 54

km151

Giesing

AS M-Perlach

Thal

152

JVA Stadelheim

13

2 R

233

Nördlich vom Oberföhringer Wehr kriegt die Isar seit 2002 wieder ausreichend Wasser. Viele Sohlrampen sind bereits renaturiert.

Blick vom Isar-Radweg auf die grüne Ufer-Idylle. Die einen strampeln bequem und kreuzungsfrei auf dem rechten Ufer, die anderen relaxen.

Am Kabelsteg (Mariannenbrücke) ahnt man die nahe Großstadt kaum.

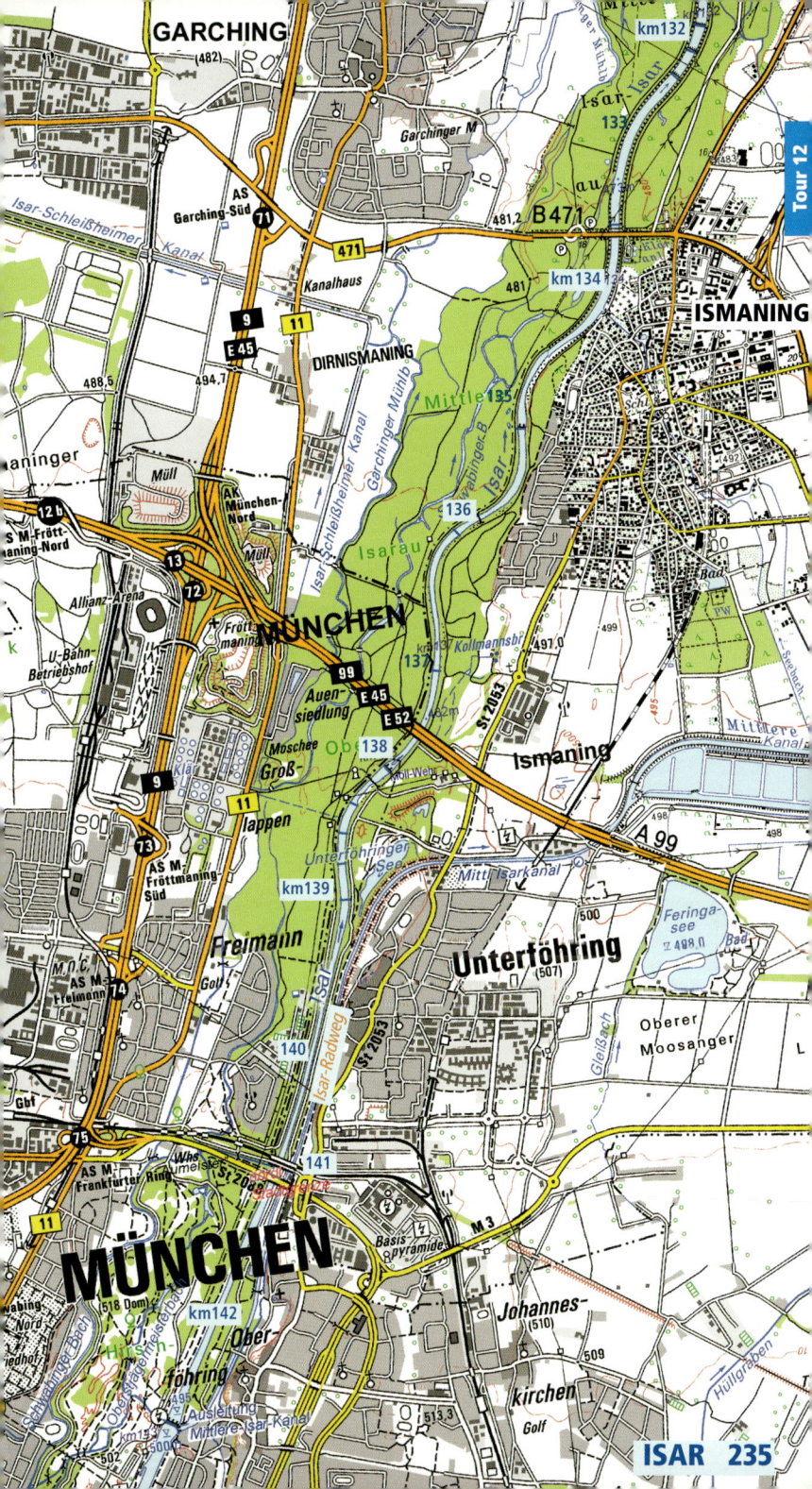

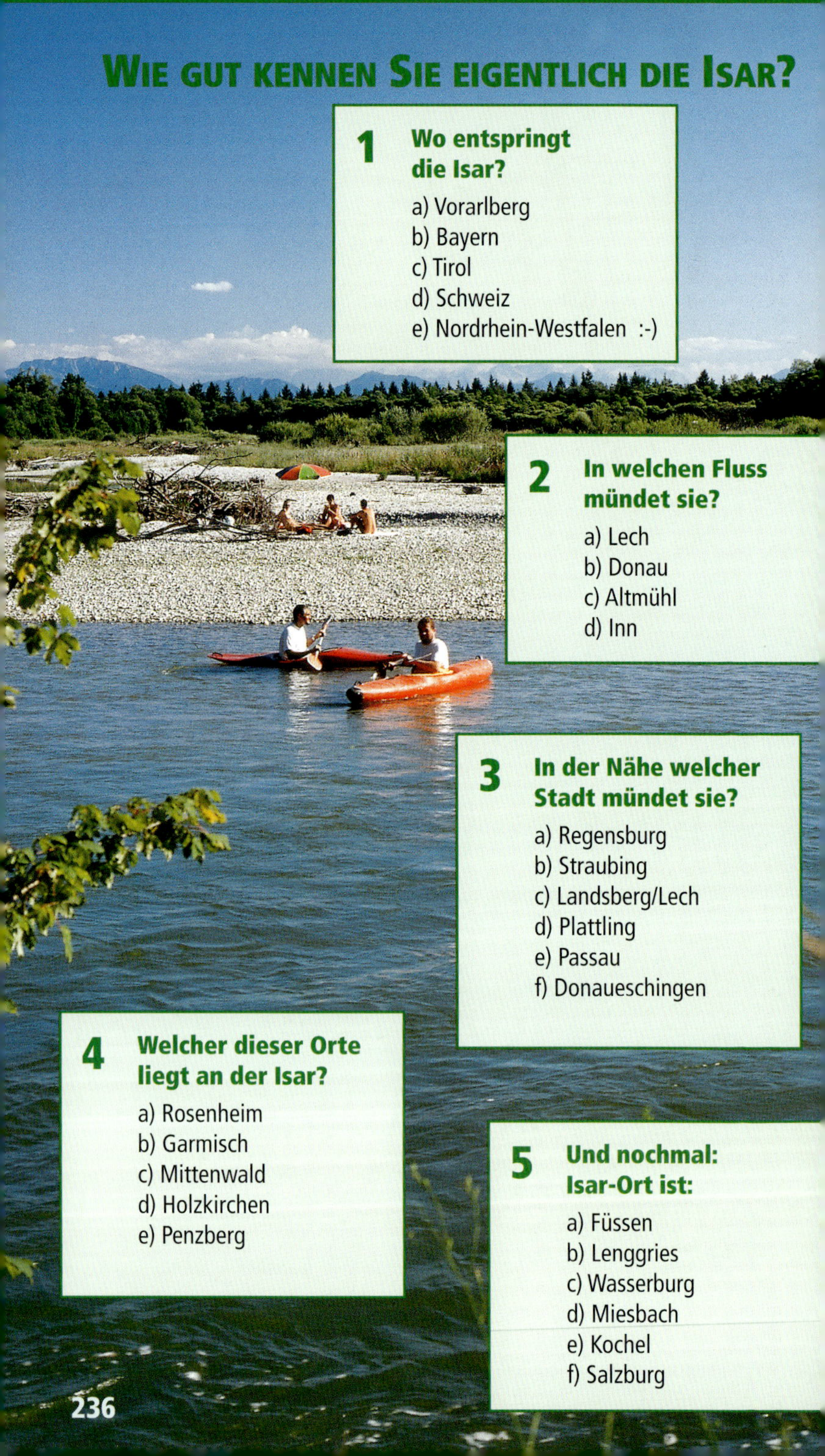

WIE GUT KENNEN SIE EIGENTLICH DIE ISAR?

1 **Wo entspringt die Isar?**

a) Vorarlberg
b) Bayern
c) Tirol
d) Schweiz
e) Nordrhein-Westfalen :-)

2 **In welchen Fluss mündet sie?**

a) Lech
b) Donau
c) Altmühl
d) Inn

3 **In der Nähe welcher Stadt mündet sie?**

a) Regensburg
b) Straubing
c) Landsberg/Lech
d) Plattling
e) Passau
f) Donaueschingen

4 **Welcher dieser Orte liegt an der Isar?**

a) Rosenheim
b) Garmisch
c) Mittenwald
d) Holzkirchen
e) Penzberg

5 **Und nochmal: Isar-Ort ist:**

a) Füssen
b) Lenggries
c) Wasserburg
d) Miesbach
e) Kochel
f) Salzburg

6 **Wie lang ist die Isar ungefähr?**

a) 50 km
b) 160 km
c) 270 km
d) 385 km
e) 425 km

7 **Welchen See durchfließt die Isar?**

a) Starnberger See
b) Tegernsee
c) Sylvenstein-See
d) Chiemsee

8 **Auf wieviel Kilometern ist die Isar von Grenze bis München im „Vollbesitz ihres Wassers" (also ohne Ableitungen in Kanäle)?**

a) unter 15 km
b) etwa 50 km
c) etwa 120 km
d) über 220 km

Auflösung Ihres Isar-Selbst-Tests

1: c
2: b
3: d
4: c
5: b
6: c
7: c
8: a (nur Scharnitz-Krün, bei der Einmündung Loisach-Isar-Kanal bzw. Loisach-Mündung und südlich Georgenstein bis Baierbrunner Wehr)

6–8 Richtige: Super! Vielleicht können Sie bei der nächsten Auflage etwas beitragen? Wir bitten darum!

4–5 Richtige: Gratulation, Sie kennen sich aus!

2–3 Richtige: Okay, okay, warum muss man auch alles wissen, wenn man doch schon allerhand weiß?

0–1 Richtige: Danke fürs Mitmachen! Alles Wissenswerte finden Sie in diesem Buch ...

REGISTER

f = mit folgender Seite
ff = mit folgenden Seiten

DANKE!

Bei dieser Auflage haben geholfen:

Sigrid Arnold mit Korrekturen

Ljubica Kreuzer mit 2 Bildern

Mick Höllerer mit einem Surf-Bild

Christian Löhnert mit wichtigen Hinweisen

Wolfgang Schwab mit Gestaltung und Hilfe bei Technik-Problemen

Werner Sigel / Tobias Aalderink mit 3 Kajak-Bildern

Isara rapidus:
die Reißende,
Raubgierige...

Zum Abschluss:
Isar bei Hochwasser.
Breit wie ein Strom.
Gefährlich tosend.
Würzig duftend.
Lautstark lärmend.
Kraftvoll bis hin zum
Bäume-Umreißen (rechts).

Der Hochwasser-Scheitel ist
schon durch, das Wasser
nicht mehr gelb-oliv, einer
Erbsensuppe ähnelnd.